Doris Siegenthaler

Du bist

Wertvoll

DER WEG ZU VITALITÄT
UND LEBENSFREUDE

Doris Siegenthaler

Du bist

Wertvoll

DER WEG ZU VITALITÄT UND LEBENSFREUDE

Edition  SIEGENTHALER VITAL

© by **Edition** SIEGENTHALER VITAL

Oberfelsbachstr. 9
CH-9473 Gams
Tel.++ 41 81 771 45 43
Fax.++ 41 81 771 43 28
info@siegenthalervital.com
www.siegenthalervital.com

ISBN Nr.978-3-86603-113-5
1. Auflage 2009
Fotos: Stefan Kaiser, www.onfocus.ch
Coverdesign, Innengestaltung und Satz: Dorothee Krämer, www.dorokraemer.de

Inhaltsverzeichnis

Danksagung

Mein herzlicher Dank gilt meinem Ehemann Ruedi, der mich unterstützt und mir hilft, meine Fähigkeiten zu entwickeln, so dass ich mein Leben kreativ gestalten kann. Ohne deinen Rückhalt gäbe es dieses Buch nicht. Vielen Dank, dass du mich begleitest auf dem Weg zur Vitalität und Lebensfreude.

Vorwort

Gibt es einen Weg, auf dem Lebensfreude in Verbindung mit Vitalität erfahrbar ist, und dies auch in schwierigen Umständen?

Das von Doris Siegenthaler verfasste Buch will und kann zu dieser grundlegenden Fragestellung kein medizinisches bzw. sportmedizinisches Fachbuch sein. Vielmehr weist sie darauf hin, dass Gesundheit nicht nur das Freisein von Beschwerden und Krankheit sein kann. Im Wesentlichen geht es um ein umfassendes Wohlbefinden, welches es ernst zu nehmen gilt. In diesem Zusammenhang wird Dr. med. K. Cooper zitiert, welcher mahnt: „Wer heute keine Zeit in seine Gesundheit investiert, wird sie später in seine Krankheit investieren müssen."

Unter Vitalität ist Lebenskraft zu verstehen, welche grundlegend für unterschiedliche und hoch komplexe Lebensvorgänge zuständig ist. Auf diese kann für eine ausgewogene Balance von Körper, Seele und Geist nicht verzichtet werden.
Die Autorin ist sich ihrer Verantwortung gegenüber dem Leser bewusst, den sie mit „du bist wertvoll" anspricht. Der Mensch ist deshalb wertvoll, weil er einzigartig ist. Daher will und kann sie

nicht einfache Verordnungen erteilen, welche zu einer erhofften Vitalität führen sollen.

Beschrieben werden stattdessen die umfassenden Lebensbereiche des Menschen wie Bewegung, eine ausgewogene Ernährung und lebensnotwendige Beziehungen. Unausgewogene oder belastete Beziehungen können Krankheiten bewirken.

Dieses Buch ist dringend notwendig, weil es einerseits einen aufklärerischen Anteil zum Thema Vitalität aufweist, der verbunden ist mit einer praxisbezogenen Gesundheitsförderung.

In unserer heutigen Leistungsgesellschaft wird Fitness zu oft mit Leistung verwechselt und dennoch als Gesundheitsförderung verstanden. Der vielfach publizierte Spitzensport bildet für viele Menschen den Anreiz, um für ihre eigene Vitalität etwas zu tun. Sie vergessen dabei, dass ein zu intensives Training, das oft mit einem sehr großen Trainingsumfang verbunden ist, mehr schaden als nützen kann. Daher wird in diesem Werk ein gewissenhaftes Training vermittelt, das sich durch Verstand und Gefühl auszeichnet. Entsprechend darf sich Vitalität und Gesundheit nicht an der Leistung messen.

Doris Siegenthaler ist überzeugt und schreibt aus persönlichen Erfahrungen, dass wenn die Grundwerte im Leben des Menschen wieder ins rechte Licht gerückt werden, deren Persönlichkeitswerte nicht in erster Linie von der Leistung abhängig sind. Veränderung und Gesundheitsförderung kann daher nur im Bewusstsein der Einmaligkeit eines jeden Menschen erfolgen.

Ich möchte daher dieses Buch wärmstens allen ans Herz legen, die sich ihrer Einmaligkeit bewusst sind oder auf dem Weg dazu sind. Dies möchte im Zusammenhang mit dem Wunsch nach einem umfassenden Wohlbefinden geschehen. Ich beglückwünsche Doris Siegenthaler zu diesem Buch und hoffe auf eine weite Verbreitung.

Siblingen, Januar 2009   Dr. rer. nat. Jürg Spycher

Einführung

Der Begriff LEBEN beinhaltet Lebensfreude, Balance, Gesundheit. Er ist verbunden mit Kreativität und Lebenswille, was letztlich auch mit Liebe, Kraft und Ausdauer zu tun hat. Ist dies wohl Traum oder Wirklichkeit, wenn die Statistiken immer mehr bestätigen, dass Erschöpfungs-Zustände wie Burnout und CFS (Chronic Fatigue Syndrom) mit all ihren schwerwiegenden Folgen einen regelrechten Boom erleben? Ich frage mich, haben wir es im heutigen hoch entwickelten Zeitalter verpasst, eine optimale Balance zu finden, die Lebensqualität erhöht und das Leben lebenswerter und vitaler macht? Die Frage bleibt offen, welchen Sinn hat das Leben, wenn wir immer häufiger nach dem was wir leisten statt nach dem was wir eigentlich sind gemessen werden? Jeder Mensch ist einzigartig. Wir alle sind behaftet mit Stärken und Schwächen. Nicht alle können dasselbe tun. Dies ist eine gewaltige Sache, wenn man es aus der Perspektive des sozialen Bereiches betrachtet, wo man sich durch die verschiedenen Stärken und Schwächen ergänzen kann. Doch sind wir nicht in eine Gefangenschaft des Scheins geraten anstatt das zu sein, was wir wirklich sind? Verspüren wir nicht mehr den erfrischenden Hauch, dass wir zu einem Leben geschaffen sind, das schöpferisch kreativ ist, worin tiefe innere Werte stecken damit das Leben erfüllt werden kann? Viele Menschen können es sich nicht mehr leisten eine Auszeit in Anspruch zu nehmen, wenn Erschöpfungs-Zustände überhand nehmen. Zu groß ist die Gefahr, den eigenen Arbeitsplatz zu verlieren. Oder wie will eine Mutter mit kleinen Kindern einfach für einige Wochen oder Monate aussteigen, um sich gesund zu pflegen, wenn sie in einer Erschöpfungsphase ist. Sind Antworten nicht einfach zu billig wie „nimm dir endlich eine Auszeit"? Sind dies nicht wohlgemeinte Illusionen, die doch nicht ganz der Realität entsprechen? Deshalb müssen Lösungen gefunden werden, die das Leben trotz den hohen Herausforderungen, an die das Leben unserer Zeit gebunden ist, lebenswerter und vitaler machen.

Der Arzt meinte, das seien halt frühzeitige Alterserscheinungen - dabei war ich erst 27

Die oben beschriebenen Zeilen sind mir nicht fremd, sie waren ein Teil meiner bisherigen Lebensgeschichte. Einige Jahre litt ich selbst unter dem Chronic-Fatigue Syndrom (CFS), dem Chronischen Erschöpfungs-Syndrom. Eine längere Auszeit wäre nicht möglich gewesen; unser Raphael wurde gerade geboren, Benjamin war zwei Jahre und Debora gerade vier Jahre. Zudem waren die finanziellen Mittel nicht vorhanden, die es ermöglicht hätten eine längere Auszeit in Anspruch zu nehmen. Stellen Sie sich mal vor, Sie können von einer Stunde auf die andere kaum mehr die Treppen hochgehen, ohne dass Sie sich am Geländer halten müssen. Sie atmen wie eine alte „Dampfwalze" und können sich kaum noch bewegen vor Muskelschmerzen. Außer der lästigen Unannehmlichkeit meiner starken Harninkontinenz, die nach der ersten Geburt ihren Lauf nahm, konnte ich doch ungehindert meine regelmäßigen Joggingläufe von zehn bis 20 km ohne Probleme durchhalten. Ganz plötzlich reichten die Kräfte gerade mal aus für einen 10 Minuten-Spaziergang – wohlverstanden es gab Zeiten, da musste ich dazwischen auf eine Bank sitzen und mich von der Strapaze der kurzen Strecke erholen. Auf Anraten eines Mediziners – wir sind öfters mal miteinander gejoggt – suchte ich einige Wochen später einen Internisten auf. Zunächst meinte dieser das seien halt frühzeitige Alterserscheinungen. Schöne Aussichten, dachte ich, denn ich war damals erst 27 Jahre jung. Nach verschiedensten Untersuchungen war klar, dass bei jeder stärkeren Anstrengung der Eisenspiegel innerhalb kürzester Zeit abfiel. Ab dem Zeitpunkt hatte ich die Medikamente immer griffbereit. Mit der Zeit konnte ich wieder meine Trainingsläufe absolvieren, doch nur noch sehr langsam. Kaum war ich etwas zu schnell, musste ich mit einer Erholungszeit von drei bis vier Wochen rechnen. Denn das ganze Prozedere mit der schleppenden Müdigkeit ging wieder von vorne los. Niemand konnte sich dieses eigenartige Phänomen erklären; so ist es nicht verwunderlich, dass ich zuletzt als psychosomatischer Fall deklariert wurde.

In meiner früheren Kindheit betrieb ich einige Jahre Leistungssport. Dies beeinflusste unter anderem meinen Wert. Deshalb orientierte ich mich an dem, was ich tat und nicht an dem, was ich eigentlich war. Lebt man etwas, was man nicht ist, lebt man andauernd im Stress. Damals war mir nicht klar, dass mein Leben in erster Linie nicht von einer Leistung abhängig ist, sondern von dem, was ich eigentlich bin. Ich bin wertvoll, weil es mich nur einmal gibt. Doch dazu später. Als das Müdigkeitssyndrom begann, fiel meine Illusion wie ein Kartenhaus in sich zusammen. Immer stärker beschäftigte mich die Frage: Woran messe ich mich eigentlich? An dem, was ich leiste oder an dem, was andere von mir fordern? Die Frage stellte sich mir nach dem Sein statt nach dem Schein. Dem Leistungssport habe ich viel zu verdanken. Allein das Durchhaltevermögen und die Motivation, die durch das tägliche Training geschult wurden, waren Stützpfeiler dafür, dass ich mich trotz aller Widrigkeiten und der immer wiederkehrenden starken Müdigkeitsanfälle mit all ihren Begleiterscheinungen auf die Suche machte nach einem Weg, der zur Vitalität und Lebensfreude führte. Und dies, obwohl es ganz danach aussah als wären die vielen Versuche mit all den vielen markanten Rückschlägen eher unüberwindbar gewesen. Es schien manchmal, dass das vorgesteckte Ziel nach Vitalität doch zu hoch und unerreichbar wäre. Doch heute bin ich dankbar für die vergangene Zeit. Inzwischen kenne ich viele Menschen, die mit mir auf dem Wege sind. Auch sie haben einen Richtungswechsel vorgenommen, gehen Schritt für Schritt voran und freuen sich an ihrer zurückgewonnenen Vitalität.

Woran messe ich mich eigentlich? An dem, was ich leiste oder an dem, was andere von mir fordern?

Jeder Weg beginnt mit dem ersten Schritt. Viele kleine Schritte führen zum Ziel. So heißt es die Kunst der kleinen Schritte zu erlernen, dranzubleiben und sich nach vorne zu orientieren, damit der Weg zu Vitalität und zu Lebensfreude zur Selbsterfahrung wird.

Es tut gut festzustellen, dass man in diesem neuen Prozess nicht allein ist, dass auch andere Menschen unterwegs sind und in ihrem Leben etwas verändern wollen. Denn um etwas zu wollen, muss zunächst einmal ein Ziel erschaffen werden – das ist der kreative Teil unseres Willens. Schon die Tatsache, dass Sie gerade jetzt dieses Buch lesen, ist kein Zufall.

Gemeinsam lernen, gemeinsam an sich arbeiten und sich entwickeln ist sehr ermutigend, befriedigend und unterstützend.

Verglichen mit der Arbeit eines Töpfers, der ein einmaliges Gefäß, das von Hand gemacht ist, herstellt, ist jeder Mensch ein einzigartiges Individuum und deshalb auch sehr wertvoll.

Um vital zu bleiben bis ins Alter, geht es darum Körper, Seele und Geist immer wieder aufzutanken. Es ist ferner die einzige Möglichkeit, den natürlichen Alterungsprozess zu verlangsamen und die Lebensfreude lebendig zu halten.

Lebensqualität, selbst in schwierigen Umständen, Spannkraft, Durchhaltevermögen, neue eigene Ressourcen zu entdecken, wieder die Schönheiten des Lebens sehen und genießen zu können und wieder ein volles Ja zu sich selbst zu haben sind Ziele, für die es sich lohnt, sich einzusetzen. Dabei ist es egal, auf welcher Lebenshöhe sich jeder Einzelne gerade befindet.

Angelehnt an das vorhergehende Buch „Gesund leben" finden Sie in dieser neuen Überarbeitung viele ergänzende, wertvolle Gedanken zum Thema des eigenen Selbstwertes.

Das Fundament dazu liegt in der Anerkennung der Grundwerte jeden Lebens. Verglichen mit der Arbeit eines Töpfers, der ein einmaliges Gefäß, das von Hand gemacht ist, herstellt, ist jeder Mensch ein einzigartiges Individuum und deshalb auch sehr wertvoll.

Ein Gesundheitstraining, das nicht nur den körperlichen, sondern auch den seelischen und den geistlichen Bereich umfasst, kann zu mehr Lebensqualität führen, auch dann, wenn der Körper durch Krankheit oder Unfall bedroht ist.

Anzumerken ist, dass das vor Ihnen liegende Buch kein medizinisches bzw. sportmedizinisches Fachbuch sein kann und will. Alles aus diesen Bereichen Aufgeführte ist nur als Zusammenfassung zu sehen. Ich lege den Schwerpunkt auf die Grundwerte des Lebens und beziehe mich auf die Prävention, die Bewegung, Ernährung und Entspannung beinhaltet, verbunden mit einem ausgewogenen Lebensstil.

Gerade weil Sie wertvoll sind, lohnt es sich, die eigene Vitalität voll auszuschöpfen und sich diese auch selber zu gönnen. Besteht doch die Möglichkeit, Ihrer persönlichen Originalität entsprechend, ein Vitalprogramm umzusetzen, das mit Freude und Motivation erlebt werden kann, wodurch Sie Ihre Vitalität zurückgewinnen und in vollen Zügen auch genießen werden.

Dazu wünsche ich Ihnen viel Erfolg.

Doris Siegenthaler

Der Weg zu Vitalität und Lebensfreude

Das Angebot an Seminaren, die zu Vitalität und zur Gesunderhaltung anregen, nimmt fortwährend zu, denn die laufend erhöhten Kosten, die durch die vermehrten Krankheiten entstehen, können kaum mehr bewältigt werden. In Zukunft werden wir nicht mehr darum herumkommen, uns intensiver mit der Gesundheitsförderung bzw. der Gesunderhaltung in Familien, Schulen, Gemeinden und Firmen auseinander zu setzen.

Präventive Gesundheitsförderung muss ein Bestandteil unserer leistungsorientierten Gesellschaft werden. Viele positive Ansätze sind vorhanden. Doch manchmal macht es den Anschein, dass Gesundheits-Kampagnen auch ein Widerspruch in sich selber sind. Vor einiger Zeit machten in der Schweiz verschiedene Plakatwände auf sich aufmerksam, auf denen unter anderem überdimensional große Schlitten und Stühle fotografisch dargestellt wurden unter dem Motto: „Die Schweiz ist zu dick". Dies ist sicherlich gut gemeint. Dass etwas gegen das ansteigende Übergewicht getan werden muss, ist allen klar. Persönlich jedoch bezweifle ich den gewünschten Erfolg. Ich frage mich: Hat eine solche Art und Weise nicht auch etwas mit öffentlicher Bloßstellung von Menschen, die übergewichtig sind, zu tun? Öffentliche Bloßstellungen verletzen die Würde des Menschen. Viele Personen sind bemüht ihr Gewicht zu reduzieren, sonst würden nicht so viele täglich an ihren Diäten scheitern. Wenn jedoch die Grundwerte des Lebens angegriffen werden, wird die Würde des Menschen herabgesetzt. Durch die Entwürdigung erlebt die Kreativität ihre Einbuße, somit verliert jemand den Mut an sich zu arbeiten. Wie will man da noch von Gesundheitsförderung sprechen, geschweige denn das Ziel erreichen? Letztlich kann es nicht sein, dass alles dem Schönheitsideal oder dem gewünschten Luxus entspricht, der ohnehin nur für eine Minderheit bestimmt ist. Wäre es nicht positiver, wenn statt der großen Stühle schlicht und einfach stehen würde?

Solange Menschen nach ihrer Leistung und nicht nach ihrem Sein bewertet werden, können noch so viele Werbekampagnen, die zu einem gesunden Verhalten führen sollen, durchgeführt werden, die Erfolge werden ausbleiben.

Was man sieht, beeinflusst das Denken und Handeln einer Person. Führen Sie Ihre eigene Kampagne durch. Schreiben Sie es zu Hause auf, auf Ihren Spiegel, sei dies im Badezimmer oder im Flur: „Du bist wertvoll". Sie können auch Sätze wie „Ich bin einzigartig" oder „Du bist ein Wunder" verwenden. Sagen Sie sich das jeden Tag, auch wenn Sie sich nicht immer danach fühlen. Gerade dann, wenn es Ihnen nicht danach zumute ist, schauen Sie in den Spiegel und sagen Sie sich das selber. Dies kann nicht nur Ihre Gefühle positiv beeinflussen. Es wird auch alle in Ihrem Haushalt lebenden Menschen ansprechen und verändern.

 Siehe – schau einmal genauer hin – was für ein Wunderwerk du bist!

Einige Auszüge aus dem Magazin „the art of growing young" bekräftigen die Auswirkungen dessen, was wir über uns denken und uns selber sagen.

„Worte haben Kraft. Worte beeinflussen uns, wir beeinflussen andere durch unsere Worte. Worte erzeugen, ob wir sie aussprechen oder nur denken, ein geistiges Bild von tief greifender Bedeutung. Häufig ist die Art und Weise wie wir Worte betonen genauso wichtig wie die Worte selbst. Wenn wir sprechen, proji-

zieren wir positive oder negative Energie, je nachdem wie wir es sagen, was wir sagen. Die Worte, die Sie verwenden, bedeuten etwas für Sie und haben daher großen Einfluss auf Ihr Leben."[1]

„Denken Sie einfach daran, dass die Worte, die Sie aussprechen, nichts weiter als eine Kristallisation Ihrer Gedanken sind. Achten Sie auf Ihre Wortwahl, denn sie ist ein guter Indikator für die Art und Weise Ihres Denkens. Bedenken Sie stets, dass die Worte, die Sie den ganzen Tag über verwenden, entweder positive oder negative Energie ausstrahlen. Und das, was Sie ausstrahlen, reflektiert Ihr Leben und entscheidet letztendlich über das Wesen der Dinge, die Sie anziehen."[2]

Es gilt also, alle noch vorhandenen Möglichkeiten auszuschöpfen, die anregen, das Leben lebenswerter zu gestalten. Was auch zur Folge hat, dass man sagen könnte:„Stopp dem Krankenkassen-Wahnsinn". Die ansteigenden Kosten müssen so gering wie möglich gehalten werden. Um die Gesundheitserhaltung gezielt umzusetzen, muss eine Basis durch praktische Anleitung von Trainern und Therapeuten geschaffen werden, so dass die Menschen in ihrer Selbstständigkeit gefördert und unterstützt werden. Die entscheidende Rolle dabei spielt das richtige Maß. Es gibt ein zu viel oder ein zu wenig.

Vitale und gesunde Mitarbeiter sind ein gutes Kapital für jede Firma.

Wenn Firmen und Institutionen auf Gesundheitsförderung setzen und diese auch praktizieren, weisen solche Projekte eine drastische Kostensenkung auf, was sowohl für den Arbeitgeber als auch für den Arbeitnehmer von Vorteil ist. Interessanterweise vermindern sich nicht nur die Arbeitsausfälle. Der Zusammenhalt in der Firma und das Engagement jedes einzelnen Mitarbeiters erhöhen sich. Ein weiterer Gewinn ist darin zu verzeichnen, dass gesunde Mitarbeiter auch im Alltag und in der Familie ausgeglichener, vitaler und entspannter sind. Von der Firma Victorinox wird in einer Schweizer Zeitung berichtet, „dass durch tägliches Training ihrer Mitarbeiter von 3 mal 5 Minuten am Arbeitsplatz in nur fünf Jahren die Ausfallstunden von 45 000 auf 27 000 gesunken sind. Damit hat diese Firma eine halbe Million Franken eingespart."[3]

Ich selber staune immer wieder, wie stark die Arbeitsausfälle schon reduziert werden und sich ein nachhaltiges Wohlbefinden einstellt, wenn Mitarbeiter in Firmen oder sozialen Einrichtungen nur einen halben Tag ein Seminar besuchen und das Gelernte dann auch praktisch umsetzen.

Der Volksmund sagt: Gesundheit ist das höchste Gut. Umso erstaunlicher ist es, dass man sich so wenig um die eigene Gesundheit bemüht. Der Dichter Christian Morgenstern formuliert diesen Widerspruch treffend: „Das Gesundheitsinteresse ist riesig, das Gesundheitswissen ist mäßig, das Gesundheitsverhalten aber ist miserabel."

Dr. med. Kenneth Cooper aus Dallas sagt: „Wer heute keine Zeit in seine Gesundheit investiert, wird sie später in seine Krankheit investieren müssen."

Gesundheitsförderung kann schon mit wenig Aufwand ganz praktisch im Alltag und Beruf umgesetzt werden. Dies beweisen auch immer wieder viele Briefe und Mails von Menschen, die einen Vortrag gehört oder ein Seminar besucht haben. Immer wieder lassen sich Menschen auch zum Vital-Trainer ausbilden.

„Zweimal Hexenschuss Ende 1999 und August 2000 haben mich aus dem Dornröschenschlaf geweckt. Viel sitzen durch meine Bürotätigkeit und Stress waren Auslöser für meine Rückenbeschwerden. Mit der Teilnahme am Seminar über Stressmanagement, Rückentraining, Ernährung und an einem Nordic Walking Seminar erhielt ich eine gute Grundlage. Heute geht es mir viel besser. Herzlichen Dank für das ganzheitliche Wohlbefinden!"
Andreas S.

„Ich bin immer noch so dankbar für das Seminar und mache nach wie vor morgens 15 Minuten Bettgymnastik und bin durch mehr Bewegung mittlerweile 5 Kilo leichter. Vielen Dank für deine Arbeit." Nach weiteren Wochen schreibt sie: *„Ich kann mir heute einen Tag ohne Bewegung kaum mehr vorstellen und es ist kein Zwang sondern pure Freude. Mittlerweile bin ich 12 Kilo leichter und die Komplimente in meinem Bekanntenkreis tun so gut. Mein Selbstwert hat sich gebessert. Mir ist bewusst geworden, um ein ganzheitliches Wohlbefinden zu erlangen, müssen alle Bereiche, Körper, Seele und Geist beachtet und auch trainiert werden."*
Petra W., Bruchsal, Deutschland

Jemand, der aus beruflichen Gründen in Afrika lebt, schrieb mir folgende Mail:„Letzte Woche habe ich mit einer Schweizer Kollegin Fitness mit einer Video-Kassette von euch gemacht. Hier in Mali, Afrika kommen wir ganz schön ins Schwitzen. Aber es tut gut, auch hier etwas Schwung für den Alltag zu haben."
Heidi S., Mali

Gesundheitsförderung kann schon mit wenig Aufwand ganz praktisch im Alltag und Beruf umgesetzt werden.

„Als Ärztin werde ich täglich mit Krankheiten körperlicher und seelischer Art konfrontiert. Mir stellte sich immer wieder die Frage, wie ich ein „ganzheitliches" Gesundheitsbewusstsein vermitteln und meine Patienten motivieren kann, Eigenverantwortung für ihren Körper zu übernehmen.

Durch meine Ausbildung zur diplomierten Wellness-/Gesundheitstrainerin bei SIEGENTHALER VITAL wurden mir viele Dinge ins Bewusstsein gerufen, die in der herkömmlichen Medizin leider häufig vernachlässigt werden. Es müssen alle Bereiche (körperliche, seelische, spirituelle, ökologische und soziale) mit einbezogen werden. Das Besondere der Ausbildung liegt in der Vielschichtigkeit und den unterschiedlichen Interventionsansätzen. Durch die fachliche Kompetenz der Lehrkräfte sowie die erfrischende, ehrliche Art von Doris Siegenthaler wurde die Ausbildung zu einer Bereicherung für mich, die ich nur jedem weiterempfehlen möchte, besonders auch Medizinern. Ich versuche, meine Patienten durch praktische Tipps wie z.B. Stufenlagerung (ein Stufenlagerungswürfel und ein Keilkissen liegen seit meiner Ausbildung immer in meinem Sprechzimmer!), Anleitung zu Dehn- und Entspannungsübungen, zur Mitarbeit zu motivieren (nicht nur Pillenschlucken) und Selbstverantwortung für ihren Körper zu übernehmen."

Dr. med. Edith W., praktische Ärztin, Ernährungsmedizinerin

„Ca. 80 Personen besuchten während ihres Heimataufenthaltes die Schulung, die unter dem Motto „Vitalität für das Leben" stand. Noch heute zehren wir von den lebendigen, anschaulichen und praktischen Vorträgen. Über 300 Mitarbeiter aus über 70 Einsatzländern gehören zu uns. Wir wünschten, sie alle hätten an den eineinhalb Tagen mitgehört, ebenso all die Studierenden, die sich auf den verschiedenen Ausbildungsstätten für ihre künftige Arbeit vorbereiten. Ich weiß es von mir selbst, im Studium und dann im Beruf sieht man viele wunderbare Aufgaben, Möglichkeiten und Herausforderungen, dass man die Bedürfnisse des eigenen Körpers sehr schnell an die letzte Stelle stellt und es sehr schwer ist, regelmäßig etwas dafür zu tun. Dabei ist die körperliche Gesundheit eine wichtige Grundlage für jegliche Tätigkeit. Ich wünschte, ich hätte die praktischen, konkreten und in den Alltag umsetzbaren Tipps und das Hintergrundwissen schon vor Beginn meines Studiums gehabt.

Mir stellte sich immer wieder die Frage, wie ich ein „ganzheitliches" Gesundheitsbewusstsein vermitteln und meine Patienten motivieren kann, Eigenverantwortung für ihren Körper zu übernehmen.

Deswegen können wir nur empfehlen, solch eine Schulung auch in anderen Institutionen durchzuführen."
Gerald H., DMG, Sinsheim, Deutschland

„Unsere Bäckerei/Konditorei hat zwei Filialen und ein Cafe/Bistro „Come Bäck" mit insgesamt 40 Mitarbeitern. Im Januar 2005 führte Doris Siegenthaler ein Seminar zum Thema „Stressmanagement - Lebensqualität statt Burnout-Syndrom" durch. Das war ein voller Erfolg. Daraufhin führten wir in unserem Betrieb einmal wöchentlich Rückenschule und Nordic Walking für unsere Mitarbeiter ein. Es wurde mit Begeisterung angenommen. Gesundheitliche Prävention und ein positives Betriebsklima sind Gewinn für den ganzen Betrieb. Unsere Empfehlung geht an alle Betriebe, für den Gesundheitsaspekt der Mitarbeiter zu investieren und eine Schulung mit der Siegenthaler Vital durchzuführen."
Bäckerei/Konditorei Kretzschmar, D-Ilshofen/Obersteinach

Gesundheitliche Prävention und ein positives Betriebsklima sind Gewinn für den ganzen Betrieb.

„Diese stark ganzheitlich geprägten Seminare haben mir den Horizont im Bereich Wellness und Gesundheit Schritt für Schritt in seiner ganzen Bandbreite weit geöffnet. Eine intensive Woche mit Langzeitwirkung; Persönlichkeitsentwicklung und fachliche Kompetenz wachsen miteinander. Heute staune ich über die vielfältigen Möglichkeiten und Dimensionen, die sich im Laufe dieser Ausbildung auftun."
Patricia M., Bremgarten

„Die ganzheitliche Betrachtungsweise stand immer im Vordergrund. Wir verspürten Lebensfreude, ja Lebenslust; sie erwuchs aus der Anforderung an Leib, Seele und Geist. Selbstdisziplin und Motivation waren Teil des Trainings. In der Gesundheitserziehung lag der Schwerpunkt auf der Vorbeugung. Das halte ich für wirklich modern! „Vitalität und Gesundheit" gab es aber nicht ohne Selbstbeteiligung. In den einzelnen Seminaren waren täglich in Theorie und Praxis Bewegungsprogramme in den Tagesablauf integriert, sowohl Out- als auch Indoor. Ich fühlte mich aber nie unter Druck gesetzt, bloßgestellt oder überfordert – wohl aber gefördert. Das Lernen machte mir keine Mühe, ob ein Trainingsprogramm, Musiklehre, Rhetorik, Gehirnphysiolo-

gie, Anatomie oder Trainingslehre, es war spannend und irgendwie frisch. Die Ausbildung, die mit dem Diplom gekrönt werden kann, sehe ich als erlebnis- und erfahrungsbetonte Lebensschule bzw. Persönlichkeitsschule an. Sie ist preiswert, d.h. ihren Preis wert! Als jemand, der über 30 Jahre im Bereich der Krankenhausseelsorge tätig ist, hatte ich schon sehr viele Ausbildungen besucht, aber diese Ausbildung hat sich vollumfänglich gelohnt!"
Martin F., Herborn, Deutschland

Der Körper ist spür- und antastbar. Jeder Mensch hat Sinnesorgane, die es ermöglichen etwas zu tun oder wahrzunehmen. Körperliches Training ist ebenso entscheidend wie Ruhe und Entspannung. Hinzu kommt die Beachtung der Grundwerte des Lebens, die jeder Mensch benötigt, um die eigene Gesundheit zu stärken und zu fördern. Denn Gesundheit umfasst den ganzen Menschen.

Balance zwischen Körper, Seele und Geist

Haben Sie es auch schon mal ausprobiert und versucht auf einem Seil zu balancieren? Egal auf welches wacklige Balancegerät Sie stehen, will man oben bleiben, so muss man gleichzeitig an-und auch entspannen.

Nur wenn das Verhältnis zwischen An- und Entspannung ausgewogen ist, steht dem Vorankommen z.B. auf Stelzen gehend nichts mehr im Wege. Verglichen damit leben wir in einer Zeit, in der die Harmonie einer ausgewogenen An- und Entspannung, die für unser Leben notwendig ist, zum Großteil immer mehr abhanden gekommen ist. Auf einer Seite nimmt der Leistungsdruck und auf der anderen Seite nimmt der Bewegungsmangel zu.

Von den geforderten 100% bewegt man sich im Durchschnitt heute noch 15%. Noch vor zehn Jahren waren es dreißig Prozent. Was ist in diesen zehn Jahren passiert? Ein kleiner Test soll es verdeutlichen. Bewegen Sie mal einen Arm und drehen Sie diesen etwas schnell, so als ob sie eine Kurbel betätigen wollten. Und nun strecken Sie ihre Hand aus und tun so als ob Sie mit einem Finger auf eine Taste drücken. Versuchen Sie den Unterschied zu spüren.

Wenn wir uns vorstellen, dass noch vor wenigen Jahren beim Telefon die Zahlen auf der Wählscheibe gedreht oder beim Auto die Fenster runtergekurbelt wurden, so geht heute alles per Knopfdruck. Zudem muss man auch nicht mehr zum Telefon gehen, das Handy ist jederzeit griffbereit in der Tasche dabei. Bis ins kleinste Detail werden die Bewegungen von Händen und Armen auf ein Minimum reduziert. Wie bei einer Maschine, die nicht regelmäßig gewartet wird, erleiden durch den Bewegungsmangel immer mehr Menschen eine Art des frühzeitigen Verfalls ihres Körpers. Besser ausgedrückt geht die Menschheit einem Siechtum entgegen, was die Lebensqualität vermindert und die Kosten erhöht.

Obwohl die Technik gut ist und uns vieles erleichtert, führt die zunehmende Bewegungslosigkeit zu einer Katastrophe. Dies wirkt sich nicht nur negativ auf das allgemeine Wohlbefinden aus. Der Mangel an Bewegung beeinflusst das gesamte Organsystem negativ. Wie bei einer Kettenreaktion wirkt sich dies auch auf das soziale Verhalten aus – immer mehr Menschen ziehen sich in die Isolation zurück, sitzen meist alleine vor dem Computer oder beschäftigen sich mit dem eigenen Handy oder verschicken SMS und das oftmals auch dann, wenn man in einer Gesprächsrunde ist. Kann man da noch aktiv zuhören? Das „Du zu du" von Mensch zu Mensch erlebt im Zuge einer bewegungslosen Gesellschaft seine massiven Einschränkungen.

Durch den erhöhten Bewegungsmangel auf der einen Seite und Leistungsdruck auf der anderen Seite entsteht eine Disharmonie in Körper, Seele und Geist, was zu Risiken und Nebenerscheinungen führt. Die Kostenexplosion wird weiter ansteigen.

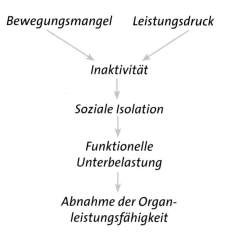

Bewegungsmangel   Leistungsdruck

Inaktivität

Soziale Isolation

*Funktionelle
Unterbelastung*

*Abnahme der Organ-
leistungsfähigkeit*

Leider rechnen noch zu wenige wirklich damit.

Deshalb investieren immer mehr Menschen ihre Zeit und ihr Geld in Seminare und Ausbildung im Bereich der Gesundheitsförderung. Denn das eigene Wohlbefinden und die Leistungsfähigkeit können durch ein umfassendes Gesundheitstraining gesteigert werden, wodurch die laufend erhöhten Kosten im Gesundheitswesen reduziert werden können.

Gesundheit muss für jeden und für jeden Geldbeutel ermöglicht werden. Wir brauchen ein Programm, das zu Hause, am Arbeitsplatz sowie in jedem Beruf ohne großen Aufwand umgesetzt werden kann. Sich einem regelmäßigen Fitnessprogramm wie es an vielen Orten angeboten wird anzuschließen, hat seinen Preis. Was aber, wenn immer mehr Menschen am Rande des Existenzminimums leben? Bleibt dann ein regelmäßiges Fitnessprogramm, das zu mehr Vitalität führen soll, nicht doch oft nur ein geäußerter Wunschtraum? Immer mehr Menschen können die jährlichen Zusatzkosten nicht aufbringen. Natürlich kann Gesundheit nicht kostenlos sein, aber ein regelmäßiges Gesundheitstraining ist besonders dann wichtig, wenn man in schwierigen Lebensumständen steckt. Je anstrengender und schwieriger die Situation, umso mehr sollte auf ein ausgewogenes Gesundheitsprogramm geachtet werden. Deshalb hat SIEGENTHALER VITAL ein Seminarprogramm ausgearbeitet, das es jedem Teilnehmer ermöglicht, auch dann ein regelmäßiges Training durchzuführen, wenn die Betreuung durch einen externen Trainer oder an einem Institut nicht gegeben ist. Wohlverstanden, das heißt nicht, dass ich gegen ein Fitness-Center oder ein jeweiliges Kursangebot bin. Im Gegenteil. Es gibt schlicht und einfach finanzielle Engpässe, die so etwas nicht zulassen. Obwohl jede Situation im Leben anders ausschaut, weiß ich aus eigener Erfahrung, was es bedeutet, wenn lang andauernde Stresssituationen einem das Leben schwer machen und es kaum einen Ausweg gibt zur Entspannung. Inzwischen durfte ich viel hinzulernen wie man mit und während Stressbelastungen besser umgehen kann.

Wenn Kräfte reduziert sind, empfehle ich folgende Regeln zu beachten:

- Es kostet mehr Überwindung ein Training durchzuführen. Mehr dazu siehe ab Kapitel Training mit Gefühl und Verstand
- Die optimale Dosierung eines Trainings muss genau beachtet werden. Vor allem ist dies im Bereich der Intensität entscheidend.
- Bewusste Tiefenatmung
- Entspannungspausen einlegen z.B. durch die progressive Muskelentspannungstechnik nach Jacobson
- Tägliches 5 Minuten Training, vor allem Dehnung der Brust- und Kräftigung der Beckenbodenmuskulatur. Dazu finden Sie praktische Übungen im zweiten Teil des Buches ab „So werden Sie rundum vital".
- Bei sehr starker Erschöpfung jeden Tag eine warme Mahlzeit mit Kohlenhydraten
- Möglichst optimale Ernährung
- Einnahme einer umfangreichen Nahrungs-Ergänzung beruhend auf der Phytozyme Basis, die bioaktiv ist. Mehr siehe Kapitel „Gut gefüttert aber schlecht ernährt"
- Viel Wasser trinken, dies fördert die Entsäuerung
- Sich kreative Pausen einrichten: wenn Sie gerne nähen oder im Garten arbeiten, so führen Sie das durch, was Ihnen Freude macht.

Während einer hohen Belastungsphase ist die eigene Willensspannkraft reduziert. Deshalb rufen Sie sich immer wieder ins Gedächtnis oder schreiben Sie es auf, dass Sie sich für alles was Sie vorhaben willentlich entscheiden müssen.

Im Verlaufe des Buches gehe ich noch auf die einzelnen Bereiche mehr ein.
Der „Laie" muss aufgeklärt werden wie ein Vitaltraining ganz praktisch in Alltag und Beruf umgesetzt werden kann.

In der europäischen Untersuchung über Fitness am Arbeitsplatz nennt Willi Tomberge einige wichtige Grundsätze der Gesundheitsförderung:

- „Sie muss ganzheitlich (verhaltens- und verhältnisorientiert) und vor allem langfristig angelegt sein.
- Sie muss prozess- und ergebnisorientiert sein.
- Sie muss persönliche und gesundheitliche Kompetenz fördern durch Kurse, Beratung und Anregung zu Selbsthilfeaktivitäten (Hilfe zur Selbsthilfe).
- Arbeitsplatzoptimierung durch ein aktives Programm mit den Beschäftigten. Kein Programm für Beteiligte, sondern ein aktives Programm mit ihnen" [4]

Werden die oben erwähnten Ziele erreicht, hat das folgende positive Auswirkungen:

- Das allgemeine Wohlbefinden steigert sich.
- Eine bessere Lebensqualität, die sich sowohl auf die Familie als auch auf den Freundeskreis auswirkt.
- Weniger Verspannungen und Rückenschmerzen durch gezieltes, richtiges Verhalten im Alltag, in der Schule oder am Arbeitsplatz
- Die Abwesenheit am Arbeitsplatz würde abnehmen

Kurzum, wir alle würden positiv profitieren. Jeder einzelne hätte mehr vom Leben, was sich durch mehr Lebensfreude auszeichnen würde.

- Während die Menschen in den Entwicklungsländern eher an Infektionskrankheiten sterben, so sind in westlichen Ländern 50 % aller Todesfälle auf Herz-Kreislaufschäden zurückzuführen.
- Vermehrtes Übergewicht: Jedes vierte Kind leidet bereits darunter.
- Auf der anderen Seite nimmt die Magersucht nicht nur bei Frauen zu, auch immer mehr Männer sind betroffen.
- Immer häufiger leiden Erwachsene wie auch Kinder unter Depressionen und deren schwerwiegenden Folgen.
- Erhöhung des Blutfettspiegels und Diabetes sind an der Tagesordnung.
- Kinder im Alter von sieben Jahren haben permanente Haltungsprobleme, über 90 % sind es bei den Erwachsenen.
- Allein die Rückenbeschwerden sind in den letzten Jahren permanent um das Mehrfache angestiegen.
- Ein Großteil aller Ausfälle am Arbeitsplatz ist auf chronische Rückenbeschwerden zurückzuführen.
- Immer häufiger klagen Menschen über allgemeine Gelenksbeschwerden. Arthrose, Arthritis und Rheuma sind bereits bei jungen Menschen anzutreffen.
- Entscheidende Elemente wie Lern-, Konzentrations- und Reaktionsvermögen werden durch mangelnde Bewegung stark eingeschränkt.
- Zunehmende Müdigkeit oder Motivationsmangel, was zu Disziplinschwierigkeiten führt, sind weitere Folgen versäumter Bewegungstätigkeit.
- Burn-out und CFS (Chronic Fatigue Syndrom/chronisches Erschöpfungssyndrom) und deren Folgen gehören heute mit zu den am stärksten anwachsenden Zivilisationskrankheiten.

Was sich in der Seele abspielt, spiegelt sich in unserer Sprache wider. Die folgenden Aussagen sind uns sicher nicht unbekannt:

- „Mir macht dies Kopfzerbrechen" – immer mehr Menschen leiden unter Kopfschmerzen.
- „Mir dreht es den Magen herum" – immer mehr haben mit Magen-Darmproblemen zu kämpfen.
- „Das bringt mich auf die Palme" – mit zu hohem Blutdruck haben immer mehr zu tun.
- „Das macht mich rasend" – immer häufiger kommt es zu Handgreiflichkeiten.
- „Ich ärgere mich grün und blau." – Vergleicht man diese Aussage mit einem Boxkampf, ist es nicht verwunderlich, dass viele Menschen erschöpft sind. Eine andauernde Abwehrhaltung kostet nicht nur sehr viel Kraft. Ein solcher Kampf fordert dementsprechend viele „blaue Flecken", was viele Schmerzen zur Folge hat.
- „Die oder der macht mich krank." – Immer mehr Menschen leiden wegen zwischenmenschlichen Konflikten, die nicht gelöst sind. Sei dies in der Familie, im Verein oder auch im Beruf. Das kann zu erheblicher Stressbelastung mit all ihren schwerwiegenden Folgen führen.

Überhöhter Druck setzt die allgemeine Leistungsfähigkeit herab. Letztlich geht es jedoch um die Vitalität und das eigene Wohlbefinden, die unsere Lebensqualität beeinflussen.

Es geht um die Einheit von Körper, Seele und Geist und nicht nur um das frei sein von körperlichen Gebrechen. Gesundheit und Vitalität ist für viele zu einem trendigen ja fast „kultartigen" Begriff geworden, für viele nur schwer umsetzbar. Denn dem Anschein gerecht zu werden, man könnte die ewige Jugendlichkeit behalten oder dem Schlank-und-Rank-Prinzip zu folgen, entspricht nun mal nicht der logischen Forderung des wirklichen Lebens. Eine Umsetzung kann erst dann erfolgen, wenn wir auf das Maß aller Dinge zurückkommen.

Das „gesunde" Maß ist das, das auf jeden einzelnen Menschen zugeschnitten ist, wo Stärke und Schwäche sich begegnen. Denn keiner ist darin ausgeschlossen, dass er nicht nur Stärken sondern auch Schwächen hat.

Denn es kann sein, dass trotz äußerlicher Krankheit die Seele gesund ist, was durch eine hohe Wertschätzung und der Bejahung der eigenen Grenzen gekennzeichnet ist. Ganz anders, wenn der Körper gesund ist, jedoch ein Mensch in seiner Seele erkrankt, wenn eine tiefe Selbstentwertung das eigene Leben prägt und man unter einem Defizit leidet. Werden uns da nicht zu viele Versprechungen gemacht, wenn man sich nur um das äußerliche, sprich das körperliche Wohlbefinden bemüht? Tragen die Bemühungen nach dem Ideal wohl dazu bei, dass so viele gute Ansätze zur Gesundheitsförderung zu scheitern drohen und schon gar nicht mehr richtig wahrgenommen werden? Gilt es nicht, die eigenen Grenzen zu erkennen und auch anzunehmen? Denn nur so kann man dem Leistungsdruck, dem wir tagtäglich ausgesetzt sind und worin wir uns bewegen, etwas entgegen setzen. Letztlich ist es eine ausgewogene Balance von Körper, Seele und Geist, die zur Lebensqualität und dadurch auch zur Erhöhung der eigenen Vitalität führt.

Mehr Frust als Lust?

Das steigende Defizit an Bewegung fördert ständig einen Stresskreislauf, wodurch das persönliche Wohlbefinden und somit eine entscheidende Lebensqualität massiv eingeschränkt wird. Im Gegensatz zur Natur, in der sich alles laufend bewegt, sind viele Menschen geradezu „Bewegungsmuffel" geworden. Nehmen Sie sich ein Beispiel an der Natur. Der Wind weht, die Blumen wachsen, die Vögel fliegen, Fische schwimmen, ja sogar die Würmer kriechen. Tiere sind ständig in Bewegung.
Wellnesshotels mit ihren Angeboten gewinnen immer mehr an Beliebtheit. Das Verlangen nach Wohlgefühl und Ausgeglichenheit steigt und rückt immer mehr in den Vordergrund. Ein logischer Trend, der angesichts der immer stärker werdenden Leistungsgesellschaft nicht zu stoppen ist.
Das ist kein Wunder, denn es ist ein Urverlangen des Menschen, ausgeglichen, vital und gesund zu sein. Zurück zu Hause bleibt vielfach nur die Erinnerung an einen schönen Urlaub. Müsste da nicht auch noch etwas von dem Ganzen umsetzbar sein, das in Alltag und Beruf integriert werden kann?

Unter anderem kommen viele Menschen in meine Seminare, weil sie spüren, dass das „Gestell", sprich der Körper, langsam seine Einbußen erfährt. Anfänglich sind sie etwas zögerlich, weil sie bisher geprägt waren von der Ansicht, dass ein Bewegungstraining nur eine lästige Pflichterfüllung sei. Spricht man von Fitness und Bewegung, so sehen viele den „ausgepumpten" Triathleten oder einen stämmigen Gewichtsheber vor sich. Dem hohen Anspruch von maßgeschneiderten Fitnessübungen, dem idealen Body, dem richtigen Styling können viele Menschen nicht gerecht werden. Sie fallen fast in „Ohnmacht" und kapitulieren, wenn sie sich ausmalen, wie „schweißtreibend und anstrengend" es sein muss, sich in Bewegung zu versetzen.

So lauten verschiedene Aussagen:

- Sport ist Mord.
- Ich habe keine Zeit.
- Den ganzen Tag habe ich Bewegung, schließlich haben wir keinen Aufzug im Haus.
- Ich war und bin nicht so sportlich.
- Seit der Schulzeit treibe ich keinen Sport mehr.
- Ich bin müde und erschöpft und will in Ruhe gelassen werden.
- Mit Fitnessstudios kannst du mich vertreiben.
- Das kostet zu viel Geld.
- Ich bin zu alt um anzufangen, usw.

Aber Achtung, das Ganze hat Folgen: Bewegungsmangel kann zu Risiken und Nebenerscheinungen führen, die die Lebensqualität erheblich einschränken. Haben Sie sich auch schon mal gefragt warum Sie mehr Frust als Lust empfinden, wenn es um ein Bewegungstraining geht?

Ganz einfach – Angenommen Sie haben eine eher schlechte als gute Erinnerung an den Schulsport. Der Lehrer stand da während eines Zirkeltrainings, mit der Pfeife im Mund, und hetzte Sie von einem Posten zum anderen während Sie mühsam versuchten die vorgeschriebene Zeit einzuhalten. Gemäß Ihrem Konditionszustand konnten Sie das vorgeschriebene Ziel doch nicht erreichen. Es kann auch sein, dass Sie Purzelbäume oder Felgaufschwünge nicht so hingebracht haben wie sich das die Lehrerschaft vorgestellt hat. Der Grund hierfür liegt nicht in Ihrem nicht können. Schon bei einer leichten Skoliose – sprich Wirbelsäulenverkrümmung – die vielfach von einer Fehlhaltung hervorgerufen wird, ist eine Bewegungsausführung so wie man sich das vorstellt ganz einfach nicht gegeben. Leider wissen das nur die meisten Lehrkräfte nicht. Dementsprechend wurden die Noten verteilt. Ein Diktatheft kann man zumachen, niemand sieht somit die Schreibfehler. In einer Turnstunde geht das nicht, jeder kann sehen was einer „kann oder auch nicht". Die etwas „verheimlichte" Bloßstellung führte zu Frust und Unlust. Deshalb plädiere ich für die Abschaffung der Noten im Turnunterricht. Lassen Sie die schlechten Erfahrungen hinter sich, denn spätestens ab heute dürfen Sie wissen, dass Bewegung nichts mit Leistung sondern etwas mit der Gesundheit zu tun hat und ein Training so durchgeführt werden kann, dass es Freude macht.

spätestens ab heute dürfen Sie wissen, dass Bewegung nichts mit Leistung sondern etwas mit der Gesundheit zu tun hat

In meinen Vortragsreihen stelle ich immer wieder fest, dass es zwei grobe gegensätzliche Gruppen von Zuhörern gibt.

Es gibt viele Menschen, die kümmern sich um den Body – Körper und nochmals Körper; alles muss perfekt sein, Hauptsache das Äußere stimmt. Damit meine ich nicht, dass man sich durch das richtige Outfit nicht unterstreichen sollte, aber es nimmt eine überdimensionale Rolle ein, was zu einem Ungleichgewicht führt. Kürzlich sah ich im Fernsehen eine Talkshow. Ein anwesender Priester sagte einen Satz, der mir zu denken gab. Ihm sei aufgefallen, dass immer mehr Menschen „gekünstelt" herumgehen. Viele könnten fast mit einem Kunstmuseum verglichen werden. Wenn man aber genauer hinschaut, sehe man in vielen Gesichtern eine Unzufriedenheit. Die Frage bleibt: wo ist die Balance, wenn es hauptsächlich nur um das Äußerliche geht?

Da ich auch zu Vorträgen in kirchlichen Institutionen eingeladen bin, begegne ich auch der anderen Gruppe. Vielfach wird dort die These vertreten, zuerst kommt Geist und Seele, der Körper sei nicht so wichtig, da das Leben auf Erden zeitlich begrenzt ist.

Ich fragte mich lange, woher wohl die zweite Meinung stammt und bin diesen Aussagen etwas nachgegangen. Interessanterweise bin ich auf die griechische Geschichte gestoßen.

Die Griechen der Antike, die Gnostiker unterschieden in ihrer Philosophie zwischen Geist, Seele und Materie und vertraten die Ansicht, dass Seele und Geist vom Körper zu trennen wären. Viele zogen sich vom „Weltlichen" zurück in die Einsamkeit, um von Gott möglichst erleuchtet zu werden, damit das Ewige erreicht werden kann. Unter anderem wurde verkündet, dass die Seele und der Geist gefangen seien, gefangen im eigenen Leib, im Gegensatz dazu, dass die Seele und der Geist Teil des Leibes ist. Letztlich ist der Mensch als ein Ganzes auf die Welt gekommen, das nicht zu trennen ist. Durch Thesen der griechischen Philosophie entstand dem Natürlichen – dem Leib – gegenüber eine Verachtung. Der Einfluss des griechischen Denkens wirkte sich einige Jahre später auch auf die Kirchengeschichte aus, wodurch sich eine eher minderwertige Haltung den natürlichen Bedürfnissen gegenüber entwickelte. Hat die Kirche mit ihren starren Strukturen, die mit Herzenglaube nichts zu tun haben, versagt und ist damit auf die andere Seite in ein Ungleichgewicht geraten was den Leib betrifft? Eine solche Denkweise setzt die Würde des Menschen auf eine andere Weise herab. Wird ein Teil dessen, was zusammengehört für minderwertig erachtet, entsteht nicht nur ein Ungleichgewicht, es trägt maßgeblich dazu bei, dass der entsprechende Bereich nur schwer zu bewegen ist. Leib, Seele und Geist gehören zusammen. In der heutigen Zeit ist die

Welt aus dem Lot geraten. Das gewisse Maß ist abhanden gekommen. Die Menschheit ist maßlos geworden. Dadurch besteht
die Gefahr an den Sinn einer ungesunden Askese zu glauben
und auf der anderen Seite der Hang von einem Extrem ins andere zu fallen. Beides führt zum Ungleichgewicht, was sich letztlich
gegen sich selbst richtet. Dagegen spricht der Weg – zurück zur
Würde – für sich. Nicht verachten sondern beachten, dem Leib
mit allem, was in ihm ist samt Seele und Geist, in guter Weise
Sorge zu tragen, die zu Balance und Vitalität führt.

So oder so, beides führt zu einer Disharmonie, es kommt zu einer
Unter- oder Überforderung der einzelnen Bereiche. Im körperli-
chen Bereich führt dies wie bereits erwähnt zur Abnahme der
Organleistungsfähigkeit, im seelisch-geistlichen Bereich sind
viele über- oder unterfordert, was auch zu psychosomatischen
Störungen führen kann.

Vielmehr lohnt es sich, sich eine Lebensweise anzugewöhnen,
die bereits in den Sprüchen Salomos empfohlen wird. „Wer gelassen und ausgeglichen ist, lebt gesund." [5]

Laut der Grossbacher Heidelberger Studie soll sich sowohl Lebensqualität als auch die -quantität um mehr als 25 % durch folgende Punkte steigern:

- „Regelmäßige Bewegung
- Ausgewogener Schlaf
- Gesunde Ernährung
- Regelmäßige Entspannung
- Positives Verhalten
- Eine gute soziale Beziehung
- Erbliche Voraussetzungen
- Eine ausgeprägte Begeisterungsfähigkeit
- Eine vertrauensvolle Beziehung zum Schöpfer".

Dazu kommen verschiedene Faktoren, die unser gesundheitli-
ches Wohlbefinden ebenfalls beeinflussen:

- 20 % sind von der Vererbung abhängig.
- Zu 20 % wird unsere Gesundheit durch Umwelteinflüsse negativ beeinträchtigt.
- 10 % kann die Medizin dazu beitragen, dass es uns besser geht.
- Es bleibt ein Rest von 50 % Eigenverantwortung!

Erstaunlicherweise hängt es zu einem beträchtlichen Teil von uns selber ab, ob wir mehr oder weniger Lebensqualität wollen. So gesehen betrifft dies das halbe Leben.

Der Mediziner und Ernährungsforscher Dr. Werner Kollath sagt dazu: „Man soll nicht die Vorsorge dem Staat, die Fürsorge dem Arzt und das Alter der Rente überlassen, sondern man muss schon selbst etwas dazu tun, um gesund zu bleiben. Staat, Arzt und Geld können bestenfalls nur helfen."

Wollen oder möchten

Wenn ich gefragt werde, was wohl eines meiner entscheidendsten Erlebnisse war, so brauche ich nicht lange danach zu suchen: Denn eines Tages begriff ich, dass zwischen „möchten" und „wollen" ein riesiger Unterschied besteht. Geprägt durch den Leistungssport in meiner Jugend und der väterlicherseits leistungsorientierten Erziehung praktizierte ich in jeder Hinsicht einen leistungsorientierten Lebensstil ohne Rücksicht auf meine eigene Gesundheit, bis es zum Zusammenbruch kam, den ich in der Einführung beschrieben habe. Während ich früher mit Leichtigkeit viele Kilometer joggen konnte, war plötzlich jegliche Energie wie weggeblasen. Selbst kleine Anstrengungen wurden fast unüberwindbar. Nach einiger Zeit konnte ich zwar wieder joggen, jedoch nur ganz langsam. Sobald ich versuchte, etwas intensiver zu laufen, war ich gleich für zwei bis drei Wochen lahm gelegt. So versuchte ich langsamer über die Runden zu kommen. Meine immer wiederkehrende Müdigkeit dauerte bereits über drei Jahre an, als ich eines Tages einen Mediziner kennen lernte, der zu mir sagte, dass Fitness nichts mit Leistung zu tun habe.

Als ich in seiner Praxis saß und er zu mir sagte: „Du läufst weder morgen noch übermorgen und auch nicht am dritten Tag", war ich geschockt. Dementsprechend war auch meine Reaktion. Das darf doch nicht wahr sein, dachte ich. Denn ich konnte mir keinen Tag mehr ohne ein Training vorstellen, ob ich müde war oder nicht. Manchmal musste ich mich ohnehin schon damit abfinden, dass es Tage gab, an denen ich vor lauter Müdigkeit kaum einen Spaziergang von einigen Minuten zustande brachte. Während der Arzt mit mir redete, bückte ich mich nach vorne und schaute in die Zeitung, die auf dem Tisch lag.

Plötzlich sagte er zu mir: „Du hörst mir gar nicht zu." Ich wiederholte seine Worte, aber er erwiderte: „Nein, du hast, während ich dir etwas Unangenehmes gesagt habe, etwas das du in deinem Leben verändern musst, dass es dir besser gehen könnte, in die Zeitung hineingeschaut. Es interessiert dich nicht im Geringsten, dass du auch unangenehme Dinge in Kauf nehmen musst, damit du gesund wirst."

Willst du oder möchtest du?

„Wenn du nur möchtest...", dabei hob er die Hand und verdeutlichte seine Absicht indem er zum Ausgang hinwies. Er meinte, dann hat es dort eine Türe. „Aber wenn du etwas verändern willst, dann höre mir jetzt genau zu und tu, was ich dir sage."

Der Schock saß tief. Ich überlegte eine Weile und wusste: jetzt oder nie! In meinem Innern ging ein Kampf los. Ich benötigte eine Weile bis ich ihm eine Antwort gab. Ich dachte, wenn das so weitergeht wie in den letzten paar Jahren, werde ich mit vierzig wie mit einem Alter von neunzig Jahren aussehen. Schon die Aussage meines damaligen Gynäkologen, die bereits einige Monate zurück lag, gab mir immer wieder zu denken. Er meinte: „Sie haben eine Beckenbodenmuskulatur wie eine fünfundachtzig Jahre alte Frau". Dies sind wohl nicht die besten Aussichten mit erst siebenundzwanzig Jahren. Obwohl ich damals nicht wusste wie es weitergehen sollte, sagte mir etwas in meinem Innern:

Nutze deine Krise und mache sie dir zur Chance.

Es war keine leichte Therapie, aber ich wollte zumindest einigermaßen auf die Beine kommen. Nach diesem Erlebnis brauchte ich nochmals drei bis vier Jahre, um aus dem chronischen Erschöpfungs-Zustand herauszukommen. Ganz allmählich ging es manchmal zwei Schritte vorwärts und wiederum anderthalb Schritte rückwärts, doch es ging nie mehr an den Ursprung zurück, sondern es ging aufwärts.

Zunehmend verstand ich, dass es nicht mehr auf die Leistung ankommt, sondern auf Gesundheit, die mit dem Wohlbefinden einhergeht. Es gab viele Zeiten, wo mich meine Erschöpfungsphasen auf verschiedene Weise wieder eingeholt haben. Jedoch lernte ich mehr und mehr in rechter Weise damit umzugehen. Die Vorträge, die Seminare und die Ausbildung, in der sich viele Menschen zum Vital-Trainer (früher Wellness/Gesundheitstrainer) ausbilden ließen, wären nicht möglich gewesen, wenn ich nicht verstanden hätte, dass es zwischen „wollen und möchten" einen riesigen Unterschied gibt.

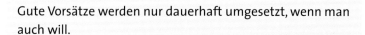

Gute Vorsätze werden nur dauerhaft umgesetzt, wenn man auch will.

Jeder Mensch, ob jung oder alt, weiß, dass es kein grundsätzliches Rezept für unsere Gesundheit gibt. Jedoch können wir die Verantwortung zum Teil selbst übernehmen und einen wesentlichen Beitrag zu unserem Wohlbefinden leisten.

So hat wohl der Schriftsteller Leo Tolstoi Recht, wenn er sagt: „Lieber geht der Mensch zugrunde, als dass er seine Gewohnheiten ändert."

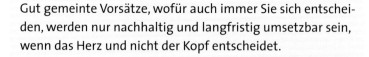

Gut gemeinte Vorsätze, wofür auch immer Sie sich entscheiden, werden nur nachhaltig und langfristig umsetzbar sein, wenn das Herz und nicht der Kopf entscheidet.

Entscheidungen müssen aus tiefstem Herzen und nicht aus einem Lippenbekenntnis hervorgerufen werden.

Grundsätzlich lebt es sich in alten Gewohnheiten leichter, als sich neue anzueignen. Neues einzuüben braucht Energie und Überwindung. Durch den Bewegungsmangel sind uns wichtige

Eigenschaften abhanden gekommen. Bewegung beeinflusst die eigene Willenspannkraft, das Durchhaltevermögen und trägt wesentlich dazu bei mehr eigene Überwindungskraft zu erhalten. Ein ganzes Paket von wichtigen Eigenschaften, die wir heute mehr denn je benötigen. Wie bereits erwähnt nutzen viele heutzutage nur noch 15% statt der zugemessenen 100 % an Möglichkeiten, die zur Verfügung stehen. Deshalb sind neue Gewohnheiten nur schwer einzuüben.

Die Erfahrungen, die ich mit vielen Seminarteilnehmern gemacht habe, zeigen: dort wo Neues gewagt wird, entsteht Veränderung; die meisten fangen an darüber zu staunen was in ihnen steckt.

Vitalität und Gesundheit, eine umfassende Sache

Gesundheit bedeutet auf lateinisch Sanitas, körperliche, geistige und seelische Unversehrtheit, Leistungsfähigkeit und Wohlbefinden im objektiven Sinn.

Noch umfangreicher definiert die Weltgesundheitsorganisation (WHO) diesen Begriff.

„Gesundheit ist der Zustand eines vollständigen körperlichen, psychischen und sozialen Wohlbefindens und nicht nur das Freisein von Beschwerden und Krankheit. Der Besitz des bestmöglichen Gesundheitszustandes bildet eines der Grundrechte jedes menschlichen Wesens, ohne Unterschied der Rasse, der Religion, der politischen Anschauung und der wirtschaftlichen oder sozialen Stellung. Die Gesundheit aller Völker ist eine Grundbedingung für den Weltfrieden und die Sicherheit. Sie hängt von der engsten Zusammenarbeit der Einzelnen und der Staaten ab."[6]

Diese Definition schließt ausdrücklich die gesamten Lebensumstände eines Menschen ein und hat folglich verschiedene Aspekte, die ineinander übergreifen und nicht voneinander getrennt werden können. Dies bedeutet in allen Teilbereichen eine gute Beziehung zu pflegen. Es umfasst den körperlichen, see-lischen, spirituellen, ökologischen und sozialen Bereich, worauf ich im Einzelnen noch eingehen werde.

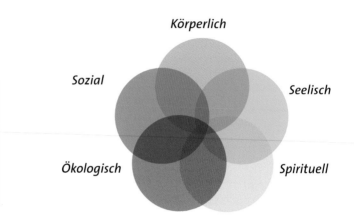

Körperlich

Sozial

Seelisch

Ökologisch

Spirituell

Hingegen strahlen Menschen, die zufrieden, dankbar und sinnerfüllt durch die Welt gehen, eine Hoffnung und Zuversicht aus, die ansteckend wirkt.

Wie bereits erwähnt ist Gesundheit nicht nur abhängig vom körperlichen Zustand. Sondern es geht darum, das Maß zu fin-den, das alle Bereiche der Gesundheit umfasst, gemäß der noch vorhanden Möglichkeiten, die es zu nutzen gilt. Im hebräischen Sprachgebrauch sind die oben erwähnten fünf Begriffe zusam-mengefasst im Ausdruck des Wortes Schalom. Der Begriff Ge-sundheit umfasst mehr als nur die Äußerlichkeit. Der Körper – besser ausgedrückt mit der eher alten Bezeichnung als Leib – kann äußerlich gesund sein, jedoch krankt die Seele. Hingegen strahlen Menschen, die zufrieden, dankbar und sinnerfüllt durch die Welt gehen, eine Hoffnung und Zuversicht aus, die anste-ckend wirkt, auch dann wenn der Körper durch Krankheit und Unfall bedroht ist. In allen Bereichen des Lebens gilt es das Opti-mum eines Gesundheitsprogrammes hervorzurufen, so dass es auf den einzelnen Menschen abgestimmt ist, damit es mit Nach-haltigkeit umgesetzt werden kann. Dabei ist das jeweilige Alter, die Beschränkungen durch Krankheit oder Unfall sowohl die je-weilige Lebensphase des Einzelnen zu berücksichtigen.

Will man in einer ausgewogenen Balance leben und auch dabei bleiben, gilt es, die Verantwortung wahrzunehmen und darauf zu achten, dass keiner der genannten Aspekte vernachlässigt wird.

Eine Umsetzung kann nur dann erfolgen, wenn der Wert sowie das eigentliche Maß von jedem einzelnen Menschen berücksichtigt werden. Gesundheitsprogramme können eben nicht mit einer Massenveranstaltung verglichen werden, wo alle dasselbe durchführen. Die Grundvoraussetzung jedoch bleibt dieselbe, denn jeder Einzelne muss dazu auch wollen und nicht einfach nur den Wunschgedanken äußern mit einem „Möchten".

Der Volksmund sagt: Gesundheit ist das höchste Gut. So ist es doch selbstverständlich, wenn wir jemandem zum Geburtstag oder Jubiläum das Ständchen singen: „Viel Glück und viel Segen auf all deinen Wegen, Gesundheit und Frohsinn sei auch mit dabei".
Selbst wenn jemand niest, wünschen wir aus guter Gewohnheit „Gesundheit". Allerdings ist dieser Zuspruch seit neustem nicht mehr konform. Schade, dass der Zuspruch zur Gesundheit selbst bei diesem doch so unauffälligen Wunsch auf ein Minimum reduziert wird.
Glücklicherweise sehnen sich immer mehr Menschen danach, ihre Vitalität ein Stück weit selbst in die Hand zu nehmen und verantwortungsvoll damit umzugehen.
Dies brachte schon eine der berühmtesten Frauen des Mittelalters auf den Punkt. Sie ist heute immer stärker in aller Munde. Hildegard von Bingen setzte schon vor 900 Jahren auf die Einheit von Körper, Seele und Geist. Die Klosterfrau schrieb insgesamt 77 Liedtexte, die populär blieben bis in die heutige Zeit und es sogar schafften in die amerikanische Hitparade zu gelangen. Viele Bücher über sie füllen die Regale und die verschiedensten Nahrungsmittel tragen ihren Namen. Kirchgänger sowie auch Esoteriker erfreuen sich an den vielschichtigen Werken der Äbtissin.
Man kann sich fragen was wohl so faszinierend ist an dieser Frau aus dem Mittelalter. Es ist ihr ganzheitlicher Ansatz, der in der heutigen Zeit wieder gesucht wird, da man in der modernen Medizin viele Krankheiten lediglich auf die Symptome reduziert. Der ganzheitliche Ansatz wird jedoch immer stärker in der Psychosomatik vertreten.

Es ist ihr ganzheitlicher Ansatz, der in der heutigen Zeit wieder gesucht wird

Die Heilkunde der Hildegard von Bingen und deren Therapien arbeiten mit den verschiedensten Heilpflanzen und Methoden. Im Zentrum jedoch steht der Mensch mit seiner Spiritualität.

Gesundheit ist etwas Umfassendes, das ebenso mit den lebenswichtigen Elementen unseres Daseins zu tun hat. Es stellt sich die Frage:

Ist
Gesundes
zu stärken?

Ist Krankes
zu heilen?

Ist
Leiden zu
gestalten?

Hans-Ruedi Bachmann [7]

1. Ist Gesundes zu stärken?

Ausreichende Bewegung, ausgewogene Ernährung und regel-mäßige Entspannung sind Träger zur Gesundheit, wodurch diese gestärkt und gefördert wird. Es ist unsere Entscheidung, ob wir uns an diesen 50 % Eigenverantwortung beteiligen oder nicht. Die eigene Vitalität kann mitgestaltet werden, wodurch manches Leiden reduziert oder auch verhindert werden könnte.

2. Ist Krankes zu heilen?

Interessanterweise beweist eine amerikanische Studie „dass Menschen, die regelmäßig beten und sich vertrauensvoll an Gott wenden, nicht nur weniger Krankheiten aufweisen, son-dern sich zudem nach Krankheiten schneller regenerieren". [10] Was uns auch immer bewegt, es ist nicht unattraktiv, sich durch das Gebet an Gott zu wenden. Auch wenn es nicht immer nach den eigenen Wünschen und Vorstellungen geht, so kann Gebet nicht nur zur Entlastung bei verschiedenen Nöten beitragen, sondern unter Umständen können auch heute noch Wunder ge-schehen und auch eine spontane Heilung ist nicht ausgeschlos-sen. Grundsätzlich sollte auch eine dankbare Haltung der eige-nen Gesundheit gegenüber eingenommen werden. Denn es ist nicht selbstverständlich, wenn man körperlich und geistig ge-sund sein darf.

3. Ist Leiden zu gestalten?

Auch mit einem Optimum an Gesundheitstraining kann das plötzliche Eintreten von gewissen Krankheiten oder auch von einem Unfall und dessen Folgen nicht vermieden werden. Ge-sundheit kann auch bedeuten: schwierige Situationen anzuneh-men und im positiven Sinn damit umzugehen. Dies ist wohl der schwierigste Weg im Umgang mit der eigenen Gesundheit. Ich kenne sehr viele Menschen, die mit ihren Gebrechen und Nö-ten zufriedener und gelassener sind und besser damit umgehen können als viele, die gesund sind und dies als etwas Selbstver-ständliches ansehen.

In diesem Sinn gewinnt der Begriff Gesundheit einen völlig an-deren Stellenwert. Gesundheit ist also etwas Umfassendes.

Vital alt werden

Die Aussage „for ever young" – für immer jung – muss man recht verstehen. Denn mit dem besten Training kann man nicht hundert Jahre lang zwanzig bleiben. Jedoch kann der Alterungsprozess, um den niemand herumkommt, deutlich gedrosselt werden.

Alterungsprozess bedeutet:

- Durch die Verringerung der Mitochondrien (Kraftwerke innerhalb der Zellen) wird die allgemeine Muskelkraft herabgesetzt, wodurch sich die Qualität der Muskelmasse und des Gewebes nachteilig auf den Menschen auswirkt.
- Die Regenerationszeiten nach Anstrengungen, Krankheiten oder Unfall verlängern sich.
- Obwohl die Arbeitsleistung gleich bleibt, tritt eine Ermüdung gegenüber jüngeren Menschen rascher ein.
- In den Wechseljahren treten bei Männern und Frauen hormonelle Veränderungen auf, wodurch es in der so genannten Monopause/Andropause zu Leistungseinbußen kommt.
- Die Potenz wird schwächer und die sexuellen Bedürfnisse nehmen ab.
- Die koordinative und die allgemeine Anpassungsfähigkeit werden langsamer.
- Die allgemeine Widerstandskraft sinkt, was zu erhöhter Anfälligkeit für verschiedene Krankheiten führen kann.
- Das allgemeine Leistungsvermögen nimmt ab. Wer früher z.B. keinen Mittagschlaf benötigte, braucht plötzlich diese Erholung zwischendurch, usw.

Durch die heutigen medizinischen Möglichkeiten wird das Durchschnittsalter immer weiter ansteigen. Man spricht sogar davon, dass die neue Generation im Durchschnitt bis zu 110 Jahre alt werden kann. Nicht schlecht, so meinen wohl viele, denn in Wahrheit ist ein langes Leben etwas Wunderschönes. Doch die Frage, die sich mir persönlich stellt, ist nicht in erster Linie, wie alt wir werden, sondern wie werden wir älter? Es kommt also auf die Qualität des Lebens an. Diesbezüglich hatte ich ein Gespräch mit einem Mediziner, der unter anderem bei der Organisation „Ärzte ohne Grenzen" arbeitet und viel in Afrika unterwegs ist. Er meinte, es sei damit zu rechnen, dass in Europa zukünftig viele Menschen das Leben nur noch sehr kurzzeitig genießen können, obwohl sie noch viele Jahre vor sich haben. Jedes Mal, wenn er nach Deutschland komme, habe er den Eindruck, dass dieser Trend immer schneller vorangetrieben werde. Deshalb könnte nicht genug im Bereich der Prävention gearbeitet werden, denn es würde Milliarden kosten, wenn es so weitergehe. Es ist bedenklich, wenn man daran denkt, dass es bereits Alters- und Pflegeinstitutionen speziell für jüngere Menschen gibt. So wurde vor noch nicht allzu langer Zeit eine solche Institution in Zürich eröffnet, die Menschen ab 45 Jahren aufnimmt. Immer häufiger führt der ungesunde Lebenswandel zu frühzeitigen Alterserscheinungen. Die zunehmenden Einbußen, die damit verbunden sind, führen nicht nur zur Herabsetzung der eigenen Lebensqualität, sondern im Weiteren zu einem enormen Kostenanstieg.

Dies zeigt sich beispielsweise darin, was eine Beckenbodenabschwächung mit all ihren Folgen mit sich bringt. Übrigens sind immer häufiger auch jüngere Frauen sowie auch Männer davon betroffen. Es gibt mir zu denken, was es bedeutet, wenn jetzt schon Überlegungen gemacht werden, ob die eigenen Verwandten zukünftig alle paar Stunden ins Pflegeheim müssen, um ihren Lieben die Windeln zu wechseln, da aus Kostengründen Personal eingespart wird. Aus eigener Erfahrung weiß ich was eine Beckenbodenabschwächung bedeutet, da ich selber jahrelang unter diesem Problem litt. Nur durch intensives Training bekam ich dieses unangenehme Leiden wieder los.

Wenn du alt werden willst, so fange früh genug damit an.

In Anbetracht all dieser Tatsachen ist es gut, wenn man ein Anti-Aging Programm durchführt, das die Vitalität bis ins hohe Alter erhalten soll. Will man Ziele erreichen, so ist es gut, wenn man sich Gedanken macht, was man in Wochen, Monaten oder Jahren erreichen will. Ich selber mache mir oft Gedanken, wie ich alt werden will, und versuche es aus der Perspektive des Zieles zu sehen. Auch wenn man nicht alles aufhalten kann, so ist mir klar geworden, dass ich möglichst vital alt werden will. Beweglich und vital bleiben bedeutet auch, dass ich mich an die Regeln halte, die dafür notwendig sind. Will ich möglichst aktiv bleiben, so bin ich gefordert ein regelmäßiges Training so durchzuführen, dass die Beweglichkeit bis ins hohe Alter erhalten bleibt. Dieses kommt aber nicht von alleine. Dazu braucht es eine Willensentscheidung. Infolgedessen bewege ich mich gerne und freue mich über alles, was ich dazulernen kann.

In der Tat, das Gesundheitsverhalten würde sich drastisch ändern, würde man sich mehr vom Ziel her orientieren. Die psychischen und physischen Faktoren werden durch ein regelmäßiges Training positiv beeinflusst, was auch bedeutet, dass mit veränderten Bedingungen, z.B. den hohen Anforderungen und der geforderten Flexibilität in Beruf und Familie oder einer Einschränkung, die durch Krankheit oder Unfall verursacht ist, besser umgegangen werden kann.

Auch wenn die Ausdauerleistungsfähigkeit mit zunehmendem Alter ihre Einschränkungen erlebt, bedeutet dies noch lange nicht, dass deswegen die Lebensqualität abnimmt.

Hirnforschungen besagen, dass jeder Mensch bis ins hohe Alter lernfähig ist. Aufgrund dessen habe ich mich entschlossen, immer wieder mal etwas Neues zu lernen. Zudem erhöht Lernen die Kreativität und die Freude am Leben. Ich staune immer wieder, wenn auch Personen des älter werdenden Semesters – Menschen, die längst die Fünfziger-Grenze überschritten haben – zu denen übrigens nicht wenige gehören, an unserem Seminar- und Ausbildungsprogramm teilnehmen und die nebenberufliche Ausbildung zum Vital-Trainer noch absolvieren. Gerade sie können durch ihr Wissen und ihr Vorbild Menschen zur Gesundheitserhaltung anregen, denn je älter man wird umso mehr sollte man die noch vorhandenen Möglichkeiten ausschöpfen.

Auch wenn die Ausdauerleistungsfähigkeit mit zunehmendem Alter ihre Einschränkungen erlebt, bedeutet dies noch lange nicht, dass deswegen die Lebensqualität abnimmt. Alleine der Erfahrungsschatz eines Menschen, der mit zunehmendem Alter zunimmt, ist ein Wert, der zu einem unbezahlbaren Reichtum für Jüngere werden kann, sofern die gegenseitige Bereitschaft zum

Miteinander vorhanden ist. Denn darin liegt ein großes Potenzial verborgen, was von wichtiger Bedeutung ist, gerade in der heutigen Zeit, wo vieles schnell und oberflächlich gehandhabt wird und die Instabilität vieler jüngerer Menschen zunimmt.

Ob man das glaubt oder nicht: die ewige Jugend gibt es nicht. Im tiefsten Innern weiß jeder, dass alle einmal älter werden und sich unter Umständen auch die Formen mit den Jahren verändern können. Es können auch Einbußen durch Krankheit oder Unfall hervorgerufen werden. Aufgrund der heutigen ungesunden Lebensgestaltung stelle ich das Schönheitsideal immer mehr in Zweifel, denn dies kann von den meisten Menschen nicht erreicht werden. Müsste man nicht auf den Boden der Realität kommen und lieber über ein umfassendes Wohlbefinden, das für jeden Menschen wiederum anders empfunden wird, sprechen? Mit „Moralpredigten" werden wir keine Gesundheitsförderung erreichen, sondern nur durch die Beachtung der Grundwerte des Lebens.

Alter hat Zukunft

Lernen ist nicht abhängig vom Alter.

Das Lernen ist eher davon abhängig, wie dies organisiert wird, sprich wie dies gestaltet wird. Wenn die abnehmende Ausdauerleistung des Alters berücksichtigt wird, könte sogar die Wirtschaft davon profitieren. Dafür muss ein Modell geschaffen werden, das es ermöglicht, einer sinnvollen Tätigkeit bis ins hohe Alter nachzugehen, denn die sozialen Leistungen drohen zusammenzubrechen, was bedeutet, dass das Rentenalter hinaufgeschraubt wird, obwohl viele kaum Chancen haben mit zunehmendem Alter ihren Arbeitsplatz zu behalten. Will man diesem Zerfall entgegenwirken, müssen zwingende Maßnamen ergriffen werden.

Vermehrt muss folgende Thematik behandelt werden

- Altern und Leistungsfähigkeit
- Altern und Arbeitsplatzgestaltung
- Prävention, Vorsorge von Altersdiskriminierung
- Mögliche Beschäftigungsgrade usw.

Prof. Dr. Juhani Illmarien, Helsinki sprach an der Uni Zürich zum Thema „Betriebliche Gesundheitsförderung". Trotz oder gerade wegen des Veränderungsdruckes muss zu den unterschiedlichen Fähigkeiten von Jung und Alt ein Konzept entwickelt werden. Heutzutage sind immer mehr entweder nur noch Jugendliche oder ältere Personen zusammen. Dies ist ein negativer Trend und wirkt sich negativ auf die Wirtschaft aus. Zwischen Jung und Alt herrschen unterschiedliche Fähigkeiten und das ist gut so.

- „Das Ausbildungswissen jüngerer Menschen ist durch die schnelle Technisierung in der heutigen Zeit deutlich höher als bei den älteren Menschen.
- Jedoch ist die Erfahrung von älteren größer als bei jüngeren Menschen". [8]

So wäre es Aufgabe im 21. Jahrhundert, gesundheitsfördernde Projekte zu entwickeln, die Jugendliche und ältere Menschen zusammenbringen, was bedeuten würde, Arbeitsplätze zu erhalten, wodurch wiederum die Gesunderhaltung des Menschen gefördert würde.

Ein Anti-Age-Management heißt:

- „Umsetzbare Konzepte für die Arbeitsfähigkeit von älter werdenden Menschen sowie
- Schulungsmöglichkeiten zu finden, sich im Alter auch noch weiterzubilden, wodurch eine Neugestaltung auch im Alter ermöglicht wird."[9]

Der Vorschlag von Prof. Dr. Juhani Illmarien ist nicht nur einleuchtend, er würde auch vielen Menschen dienen und die Arbeitslosigkeit könnte gesenkt werden. Zudem würden Firmen, die bereit sind solche und ähnliche Projekt durchzuführen, auf vitalere und zufriedenere Mitarbeiter zählen, wodurch auch die Produktivität erhöht würde. Der hohe Konsum an Freizeitangeboten übers Wochenende führt bei vielen Jugendlichen zur Einschränkung der Arbeitsleistung vor allem am Wochenbeginn, da immer mehr Jugendliche unausgeruht zur Arbeit erscheinen. Ältere Personen hingegen kommen ausgeruhter aus ihrem Wochenende zurück an ihren Arbeitsplatz, da diese mehr Erholung benötigen und ihr Wochenende anders gestalten als jüngere. Daher erbringen sie am Anfang einer Woche ihre Höchstleistung. Gegen Ende der Woche können sie dagegen durch die abnehmende Leistungsfähigkeit nicht mehr ihre optimale Leistung erbringen.

Könnte man den Jugendlichen ermöglichen sich am Montag vom Wochenende und älteren Personen sich am Freitag von der Arbeitswoche auszuruhen, so hätten zwar nicht alle einen 100%- sondern nur einen 80%-Job, aber dafür wären alle ausgeruht, vital und produktiv. Wer weiß, vielleicht ist so etwas auch nur ein Wunschtraum: für manch eine Firma könnte dies auch ein machbares Model werden. Würden solche Schritte nicht den Sinn und den Wert des Menschen in den Vordergrund stellen? Viele psychosomatischen Störungen und steigende Kosten könnten verhindert, bzw. verringert werden, wenn Menschen nicht immer früher ihren Arbeitsplatz verlieren, sondern gewiss sein könnten, dass man mit zunehmendem Alter noch gebraucht wird und man sie auch wertschätzt.

Ökologische Gesundheit

„Der Begriff Ökologie ist abgeleitet von dem griechischen Wort oikos – Haus und Haushalter – hat also damit dieselben Wurzeln wie das Wort Ökonomie, im Sinne von Wirtschaftlichkeit. Der Begriff beinhaltet damit die Lehre vom Haushalt(en) der Natur."[10] Ohne den ökologischen Lebensraum könnten wir Menschen nicht existieren. Die Natur bietet uns eine vielfältige Schönheit, in der wir Menschen Ruhe und Ausgewogenheit finden.

„Wir haben eine wunderbare Umwelt geschenkt bekommen. Sich an der frischen Luft zu bewegen, motiviert und aktiviert einen viel mehr als immer nur in seinen eigenen vier Wänden zu hocken. Der eine genießt es, bei Windstärke 8 am Strand zu joggen und sich den Wind um die Ohren brausen zu lassen, ein anderer läuft lieber im Wald und lauscht den Vogelstimmen und nimmt den Duft des Waldes in sich auf.
Ob Wüste, Meer, sanfte Hügel oder Dschungel-Landschaften – sie lassen uns nicht kalt. Sie bringen die helle oder die dunkle Sei-

te in unserer Seele zum Klingen. Sie bedrücken oder befreien uns, sie heilen oder machen uns Angst. Weil das so ist, nutzen immer mehr Menschen die Kraft der Natur zur inneren Läuterung." [11]

Wir können unser Umfeld oder den Lebensraum, in dem wir uns bewegen, ein Stück mitgestalten, so dass sich dies auch positiv auf unsere Gesundheit auswirkt.

„Eine Möglichkeit, dies zu tun, ist, beim Spazierengehen bewusst auf die Vielfältigkeit von Tönen zu lauschen, mit denen die Natur ausgestattet ist. Wie wertvoll kann ein Spaziergang sein, bei dem man zusätzlich zu der Bewegung bewusst in die Klänge der Natur eintaucht und seinen eigenen Atem als einen Teil dieses Ganzen spürt. Da sind die besonderen Stimmungen vor einem Gewitter, das Zirpen der Grillen in der Abenddämmerung oder die vielen sichtbaren großen und kleinen Wunder der Schöpfung. Die Natur mit ihrer „Musik" und die Bewegung in Verbindung zu bringen, weckt Wohlbefinden, Freude an sich selbst und der Schöpfung. Andererseits ist es auch eine ideale Möglichkeit, um Stress abzubauen, oder einfach für kurze Zeit der Hektik des Alltags zu entfliehen und zu entspannen. Gerade bei so genanntem „meditativen Laufen," d. h. langsamem Laufen mit harmonischen, fast monotonen Bewegungen, werden alle Sinne beansprucht, wie Riechen oder Schmecken, aber auch die bewusste und freudige Begegnung mit der Natur, beispielsweise mit den Tieren oder dem Wetter." [12]
Ökologie ist eine Umweltbeziehung.

Wie wertvoll kann ein Spaziergang sein, bei dem man zusätzlich zu der Bewegung bewusst in die Klänge der Natur eintaucht und seinen eigenen Atem als einen Teil dieses Ganzen spürt.

Zurück zur Natur

Ich staune über die Zusammenhänge der notwendigen Mineralien, die wir Menschen benötigen damit die Vitalität erhalten bleibt. Zink, Magnesium, Chlor, Eisen, usw. sind alles Bestandteile aus der Erdmasse, also aus dem ökologischen Bereich. Ist da wohl ein Zusammenhang zu sehen, dass der menschliche Körper aus dem ökologischen Bereich, so wie es die Bibel zitiert „Da machte Gott, der Herr, den Menschen aus der Erde." [13], geschaffen wurde?

Benjamin, einer unserer beiden Söhne, ist von Beruf Steinbild-hauer. Nur die Idee, eine Statue herzustellen, genügt nicht, damit die Arbeit gelingt. Er braucht Fantasie, kreatives genaues Arbeiten, vor allem jedoch Leidenschaft und Liebe zu einem Objekt.

Wenn unser Sohn zwei Objekte herstellt, die genau gleich aussehen sollen, so ist dies nur maschinell möglich. Denn alles, was von Hand gemacht wird, kann nicht völlig gleich sein. Es ist eben Handarbeit. Demnach ist es um einiges wertvoller als das was maschinell hergestellt wurde. Ich habe eine Zwillings-schwester. Wir haben ähnliche Eigenschaften. Dadurch, dass wir eineiige Zwillinge sind, kommt dies noch deutlicher zum Tragen. Dennoch sind wir zwei ganz unterschiedliche Menschen mit einem einzigartigen Profil und einer eigenen Persönlichkeit. Die Einzigartigkeit konnte man zu früherer Zeit nur an der Inschrift des Fingerabdruckes erkennen. Heute bestätigt das eine DNA-Analyse noch viel genauer. Niemand besitzt dieselben Merk-male. Es gibt keine zwei Menschen, die gleich ausschauen und denselben Charakter besitzen. Dies macht deutlich, dass jeder Mensch etwas Einzigartiges ist. Das ist ein Grundwert, der jedem Menschen zusteht.

Wir sind wertvoll, weil wir einzigartig sind

Lebt man etwas, was man nicht ist, so lebt man im Stress. Dies ist ein wahrer Kraftakt. Viele leben mit der Vorstellung, ständig so sein zu müssen wie es der oder die andere auch ist. Eine Anstrengung für etwas, was nicht ist, ist wahre Zeitvergeudung. Viele Erschöpfungszustände haben etwas mit dem Vergleichen zu tun. Damit beraubt man sich selbst auch seiner eigenen Vitalität, was die vorhandene Leistungsfähigkeit herabsetzt. Den folgenden Satz führe ich mir immer wieder vor Augen:

Alle Menschen werden als Original geboren, doch die meisten sterben als Kopie.

Alle Menschen stehen in der Gefahr sich irgendwann zu verglei-chen. Gehört dies jedoch zum Lebensinhalt, so wirkt das zerstörend. Je stärker wir uns an der Leistung des anderen messen, desto stärker das Dilemma. Vergleichen führt zur Zerstörung der eigenen Persönlichkeit. Wie soll denn die eigene Vitalität gestärkt werden, wenn man sich ständig überfordert?

In dem Buch von Julia Wessels „Wunderware Schnee"[15] wurde die Frage an den Schneeforscher Martin Scheebeli, der im Institut für Schnee- und Lawinenforschung Davos tätig ist, gerichtet: Stimmt es, dass alle Schneekristalle verschieden sind? Darauf gab er folgende Antwort: „Ja. Es gibt ganz grundsätzlich verschiedene Formen von Schneekristallen: Plättchen, Säulen, Nadeln oder eben die bekannten Schneesterne. Welche Form ein Kristall bildet, hängt von der Temperatur und dem Feuchtigkeitsangebot in der Wolke ab. Allen gemeinsam ist eine hexagonale, also sechseckige Grundstruktur.

Die Größe des Kristalls hängt davon ab, wie viel Zeit er zum Wachsen hatte. Ein Schneekristall kann bis fünf Millimeter groß werden und braucht dafür ein paar Stunden. Und da während des Wachstums der Kristalle nie ganz die gleichen Bedingungen vorherrschen, sehen alle Kristalle ein bisschen anders aus. Jeder Schneekristall trägt sozusagen die Temperatur- und Feuchtigkeitsgeschichte seiner Entstehung in sich. Man kann aus seiner Form mehr oder weniger rekonstruieren, welche Bedingungen er durchlebt hat.

Außerdem kommt noch dazu, dass die Wolke kein statisches Gebilde ist, sondern sich mit dem Wind bewegt. Die dadurch entstehenden Turbulenzen beeinflussen auch die Wuchsform des Kristalls. Deshalb ist jeder Kristall, wenn er fällt, einzigartig."[14]

Das lässt aufhorchen. Kein Wunder, dass der Mensch mit all seinen Möglichkeiten als Krone der Schöpfung bezeichnet wird.

> **Die Vielseitigkeit und Einzigartigkeit der Natur zeichnet sich durch eine faszinierende einzigartige Schönheit aus. Im Gegensatz dazu führt jegliches Vergleichen von Mensch zu Mensch zu einem endlosen Chaos.**

Wir sind ein Teil der Natur. So könnte man z.B. ohne Pflanzen nicht leben. Die gesamte Pflanzenwelt trägt dazu bei, dass wir atmen können. Findet doch der ganze Prozess der Photosynthese, d.h. die Umwandlung von Kohlendioxid zu Sauerstoff, in den Pflanzen statt. Auch die Tiere tragen zur Gesundheit bei. Stellen Sie sich vor, wir hätten keine Kühe, Schafe oder Ziegen, es gäbe keine Milch. Ohne Hühner gäbe es keine Eier. Dies sind alles wichtige Bausteine, die unsere Gesundheit erhalten. Denn darin enthalten sind Eiweiße, die für die Muskulatur von Bedeutung sind, sowie Kalzium, das für den Knochenbau mitverantwortlich ist. Auch die notwendigen bioaktiven, sekundären Pflanzenstoffe, die in Früchten und Gemüse enthalten sind, sind Träger für die Gesunderhaltung. Die natürlichen Zusammenhänge bezüglich der Gesundheit und der Natur sind einmalig und faszinierend.

Letztlich ist der Mensch ein Naturprodukt. Auch da finden wir die Zusammenhänge von Natur und Mensch. Nicht verwunderlich, dass die Intensität des allgemeinen Wohlbefindens schneller gesteigert wird, wenn man sich in freier Natur bewegt. Allen Menschen geht es in ihrer Psyche viel schneller und intensiver besser, wenn sie ihre Bewegungstätigkeit nicht in einem Gebäude durchführen.

Wenn Sie ein Büro haben, das vor einer „Naturkulisse" ist, trägt nur schon ein kurzer Blick aus dem Fenster zur Entspannung bei. In der Natur liegen viele Kräfte verborgen. Naturprodukte erfreuen sich einer ständig anwachsenden Nachfrage. Dies liegt zum einen daran, dass den Verbrauchern zunehmend bewusst ist, dass sie ihrem Körper damit etwas Gutes tun. Zum anderen liegt es an der höheren Bioverfügbarkeit dieser Nahrungs-Ergänzungsmittel im Vergleich zu chemisch hergestellten Produkten. Auch wenn der Arbeitsweg dadurch länger wird, so ziehen immer häufiger Menschen zurück aufs Land um die Natur zu erleben.

Leider belastet die zunehmende Technologie die Umwelt. Sie wirkt sich sichtbar zunehmend zerstörend auf den ganzen Erdkreis aus. denkt man beispielsweise alleine an den Treibhauseffekt. Die Klimaerwärmung macht allen zu schaffen. Dies hat nicht nur negative Folgen für uns Menschen. All die lebenden Tiere am Polarkreis verlieren zunehmend ihren so wichtigen Lebensraum. Die erhöhten Schadstoffbelastungen tragen auch beim Menschen dazu bei, dass sich negative gesundheitliche Probleme bemerkbar machen.

Es trägt schon ein kurzer Blick aus dem Fenster zur Entspannung bei.

Die Technologisierung ist gut und nützlich. Doch müssen wir lernen mit den vorhanden Möglichkeiten gut umzugehen. Schon kleine Veränderungen können dazu beitragen, dass wir vitaler durch den Tag gehen. So können z.B. Schlafprobleme daher kommen, dass man zu viele elektronische Geräte im Schlafzimmer hat. Seit ich einen nicht tickenden einfachen Wecker anstatt des elektronischen Radioweckers in unserem Schlafzimmer habe, stelle ich fest, dass ich ganz anders, vor allem tiefer, schlafe.
Haben Sie steigende Konzentrations- und nervöse Störungen, so könnten Sie durch einen bewussten Umgang z.B. mit dem Handy diesem entgegenwirken. Dazu gehört eine Willensentscheidung. Selbst in der Freizeitbeschäftigung wird man vielfach durch den Klingelton unterbrochen. Ob zum Joggen oder auf einem Spaziergang, das Handy ist mit dabei. In vielen Fällen ist dies nicht

notwendig. Verwundert es einen noch, dass die Menschen nicht mehr zur Ruhe zu kommen?

Der natürliche Wechsel von Tag und Nacht, von Regen und Sonnenschein, sowie der regelmäßige Rhythmus der vier Jahreszeiten sind ein Beweis dafür, dass die Natur angelegt ist auf An- und Entspannung. Wollen wir zurück zur Natur, so müssen wir diese Gesetzmäßigkeit in Betracht ziehen und auch danach leben. Denn der Mensch ist dem Gesetz der Wechselwirkung unterworfen, bei dem Ruhe und Aktivität nicht nur zueinander passen sondern auch zueinander gehören.

Körperliche Gesundheit

Allein der menschliche Körper ist ein gigantisches Wunderwerk. Wir haben eine Vielzahl körperlicher Organe und Systeme, die sich aus sehr vielen Teilen zusammensetzen. Fehlt eines dieser Teile, so kann das betreffende Organ nicht mehr funktionieren. Demzufolge ist es fraglich, ob der Mensch sich langsam und zufällig entwickelt hat. Vielmehr müssen alle Teile in der richtigen Zusammensetzung harmonieren, um funktionieren zu können. Einige anatomische Zusammenhänge sollen uns zum Staunen führen:

- „Das Auge passt sich z.B. der Entfernung und der Helligkeit eines betrachteten Bildes an. Ein guter Kamerafilm kann Helligkeitsunterschiede von 1:1000 verarbeiten; das menschliche Auge hingegen passt sich in einem Bereich von 1:10 Milliarden an die jeweils vorhandene Helligkeit an. Die Netzhaut ist der eigentliche Empfänger für das Licht. Mit Hilfe von Millionen Empfängern wird ein Bild in einzelne Punkte zerlegt. Während das Nervensystem die Signale von den Sehzellen übernimmt, werden die Bildinformationen bereits auf dem Weg zum Gehirn für die Bilderkennung vorbereitet. Man schätzt, dass dazu etwa 10 Milliarden Rechenoperationen pro Sekunde benötigt werden, damit die Resultate dem Gehirn anschließend weitervermittelt werden können. Der Vorgang könnte mit einem schnellen Computer verglichen werden. Die Umwandlung des Lichtes in elektrische Signale ist ein sehr komplizierter Vorgang. Mehrere spezielle Moleküle sind in einem Ablauf von acht Schritten daran beteiligt. Auch hier wird klar, dass sich ein solcher Vorgang nicht Schritt für Schritt entwickeln konnte, weil die daran beteiligten Moleküle verschieden sind und gleichzeitig in jeder Sehzelle vereinigt sein müssen.

- Die Nieren übernehmen gleichzeitig mehrere Funktionen, vor allem das Ausscheiden schädlicher und unnützer Stoffe. Sie sorgen dafür, dass die Konzentration von Salzen und anderen gelösten Substanzen in einem ausgewogen Verhältnis bleibt. Dies geschieht in den so genannten Nephronen durch Filtern des Blutes, Rückführung von Wasser und anderen Stoffen und Sekretion verschiedener Substanzen. Ein Nephron besteht aus drei Hauptteilen. Ein Nierenkörperchen filtert die Abfallstoffe aus dem Blut. Dabei kommen auch Traubenzucker und Wasser durch diesen Filter. Im anschließenden feinen Röhrensystem werden Wasser, Traubenzucker und andere Stoffe wieder ins Blut zurückgeführt. Dadurch erhöht sich die Konzentration des Harns. Gewisse Stoffe werden durch Sekretion im selben System ausgeschieden. Sie gelangen mit dem Harn in die Harnblase und werden schließlich ausgeschieden.
- Jede Niere enthält etwa eine Million Nierenkörperchen mit dem zugehörigen Röhrensystem (Nephron), somit können Gifte, die dem Körper schaden, durch die Nieren aus dem Blut entfernt werden.
- Jede Stunde fließt das gesamte Körperblut etwa 20-mal durch die Nieren. Das bedeutet, dass sie in einer Lebenszeit von 80 Jahren eine Menge von 70.000.000 Litern Blut filtrieren."[15]

Führen wir uns diese Zusammenhänge vor Augen, so kann man sich gut vorstellen, warum der Mensch regelmäßig viel trinken sollte, zweieinhalb bis drei Liter pro Tag.

- „Die Nieren haben noch eine weitere Funktion. Sportler, die in den Bergen ein Höhentraining absolvieren, müssen sich zunächst an die Höhe gewöhnen. Ihre Nieren reagieren zunächst durch die Höhenlage auf den reduzierten Sauerstoffgehalt im Blut und produzieren ein spezielles Hormon, das ins Blut geht. Dieses Hormon gelangt ins Knochenmark und produziert mehr rote Blutkörperchen, was den Sauerstoffgehalt im Blut erhöht. Somit kann die Leistungsfähigkeit des Sportlers ausgedehnt werden" [16]

- „Im Menschen befindet sich ein Leitungsnetz von Arterien, Venen und Kapillaren im Ausmaß von ungefähr 100.000 km (dies entspricht einer 2 -fachen Länge um die Erde). In diesem Leitungsnetz geschieht die Versorgung und Entsorgung für den menschlichen Körper durch sein Blut. In diesem Leitungsnetz werden zirka 5 bis 7 Liter Blut, somit jährlich mehr als 2,7 Millionen Liter, befördert. Blut ist die bemerkenswerteste Flüssigkeit, die es überhaupt gibt. Es transportiert Gase, Sauerstoff und Kohlendioxid und liefert gleichzeitig die Nahrungsstoffe, die vom Darmtrakt bis zu den einzelnen Zellen geführt werden. In einem Liter Blut befinden sich zirka 5 Billionen rote Blutkörperchen. Bei 5 bis 7 Litern Blut sind das zirka 30.000.000.000.000. Diese leben aber nur 120 Tage in uns, das heißt, dreimal im Jahr werden sie erneuert. Eine fantastische Leistung.
  In den Kapillaren, den kleinsten Blutgefäßen des Menschen, wird den Zellen Sauerstoff zur Energiegewinnung zugeführt und das „Abfallprodukt" CO_2 wird abtransportiert.

- Wir haben zirka 500 Millionen Lungenbläschen mit einem Durchmesser von 0,2 mm. Diese Gasaustauschfläche entspricht einer Fläche von zirka 200 Quadratmetern.

- Das Gehirn ist das zentrale Organ des Nervensystems mit über 100 Milliarden Nervenzellen.

Dieses gigantische Netzwerk mit seiner enormen Speicherkapazität steuert, überwacht und koordiniert alle Abläufe im Organsystem. Dies übertrifft sämtliche Leistungen eines Computers." [17]
Nach den neuesten Gehirnforschungen der Moody Universität in Chicago könnte der Mensch jede Minute etwas Neues lernen

und das auf mindestens 10 Millionen Jahre hinaus. Eine Herausforderung für uns alle. In Anbetracht dessen ist es nie zu spät etwas Neues zu lernen, egal auf welcher Lebenshöhe man sich gerade befindet.

- „Die Augenmuskeln bewegen sich ca. 100.000-mal am Tag, was sich durch das Arbeiten am Computer verdreifacht. Die Verspannungen im Hals-Nackenbereich nehmen drastisch zu. Deshalb ist es notwendig, wenn man am Computer arbeitet, ein dementsprechendes Entspannungstraining der Hals-Nackenmuskulatur durchzuführen, damit sich die Muskulatur vor allem in diesem Bereich wieder lockern kann.
- "Über 200 Knochen und 650 Muskeln gewährleisten Bewegungsmöglichkeiten, die durch sinnvolle Vernetzung über Nervenbahnen unglaubliche Leistungen hervorbringen." [18] Wenn wir z. B. einen Klavierspieler oder jemanden, der auf einer Eisfläche einige Sprünge durchführt, beobachten, so ist es erstaunlich, wie das Körperspiel harmoniert.
- Über 300.000 Nervenbahnen versorgen unsere Füße. Ein Fuß besteht allein aus 23 Knochen.

Es ist erstaunlich, dass sich ein abgeschwächtes Fußgewölbe oder eine allgemein geschwächte Muskulatur wieder regeneriert, wenn wir ein regelmäßiges Training durchführen. So möchte ich Sie ermutigen, ab und zu barfuß oder in rutschfesten Socken statt in Hausschuhen in der Wohnung herumzulaufen, damit sich die Fußmuskulatur kräftigen kann, was sich positiv auf unsere gesamte Haltemuskulatur auswirkt.

Lernt man die anatomischen Zusammenhänge näher kennen, wird man wirklich ins Staunen versetzt. Der Aufbau unserer körperlichen Funktionen ist ganzheitlich, raffiniert, sinnvoll und äußerst kreativ gestaltet. Der Mensch ist ein Ganzes, eine unzertrennliche Einheit. Dies erhebt den Menschen im wahrsten Sinne in einen „Adelsstand". Es zeigt sich, dass das Leben ein Geschenk ist und auch als solches behandelt werden will.

Der Atem – Wunderwerk zum Leben

Dreißig Tage ohne Essen, drei Tage ohne zu trinken, jedoch nur drei Minuten ohne Atmung und das Leben entweicht aus dem Menschen. So sagt man z.B. „er hat seinen letzten Atemzug gemacht". Alles, was lebt, ist in Bewegung. So hat auch jeder Mensch seinen eigenen Atemrhythmus.

Die Atmung ist in das vegetative Nervensystem eingebettet, das auf jeden Reiz reagiert. Freude oder Trauer haben einen Einfluss auf die Atmung des Menschen. Wir sagen z. B.

- Freude lässt aufatmen.
- Die Angst nimmt mir die Luft weg.
- Es stockt mir der Atem. Erschrickt man, entsteht automatisch eine vorübergehende Kurzatmigkeit.
- Man ringt nach Luft.
- Man atmet tief durch.

Angesichts der Zusammenhänge mit unserer Psyche darf die Atmung mit dem Aspekt der psychosomatischen Störungen nicht außer Acht gelassen werden.

Es gibt verschiedene Arten der Atmung:

- Unbewusste Atmung
- Willkürliche Atmung
  Man kann die Luft anhalten oder auch tief durchatmen, wenn man z.B. etwas erledigen muss, das einem nicht leicht fällt, so holen wir automatisch zuerst tief Luft.
- Die Atmung durch den Mund
- Die Atmung durch die Nase
- Die Bauchatmung = Tiefenatmung
- Die Kurzatmung = oberflächliche Atmung

Der Atem ist buchstäblich ein Geschenk des Himmels. Wie bereits erwähnt, findet der Sauerstoffaustausch in den einzelnen Zellen des Menschen statt. Durch die ständige Atembewegung werden die Organe intensiver bewegt, was durch tiefes Atmen verstärkt wird.

Durch körperliche Anstrengung oder durch den Gesang oder beim Blasen eines Instrumentes, wie z.B. der Trompete etc., wird die Atemtätigkeit noch mehr verstärkt:

- Die Leber wird angeregt, so dass der Stoffwechsel besser funktioniert.
- Der Entgiftungsprozess der Nieren wird erhöht.
- Die Verdauung funktioniert besser.
- Die Bandscheiben werden durch die Druckbewegung besser ernährt.
- Verspannte Muskeln können sich entspannen.
- Das Herz-Kreislaufsystem reguliert sich.
- Die Durchblutung der Gehirntätigkeit wird erhöht, was sich wiederum positiv auf das Konzentrations-, Koordinations- und Lernvermögen auswirkt.
- Das Zwerchfell sinkt während der Einatmung ab, wodurch auf natürliche Weise die Bauchorgane sowie auch die Beckenbodenmuskulatur nach unten gedrückt werden. Beim Ausatmen werden diese wieder nach oben gezogen. Die am tiefsten liegende Beckenbodenmuskulatur, die für die Haltung mitverantwortlich ist, wird dadurch angespannt und entspannt.

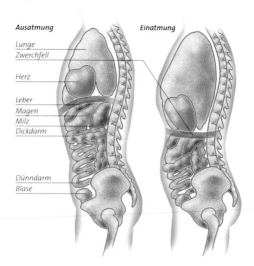

Tatsache ist, dass die Atmung etwas mit dem gesamten Leib des Menschen zu tun hat und einen ganzheitlichen Einfluss auf ihn ausübt. Stress und die damit verbundenen Verspannungen beispielsweise verhindern die Tiefenatmung, was zu einer Einschränkung der körperlichen Funktionen führt.

Atemübungen gehören deshalb in jegliche Therapie von körperlichen Beschwerden. Das Einüben der Tiefenatmung ist eine natürliche Art von Prävention, das heißt es dient unter anderem zur Vorbeugung verschiedener Krankheiten, damit die Lebensqualität verbessert wird.

Mit Atemübungen tue ich mir selber etwas sehr Gutes. Man kann wieder besser durchatmen und dies hat auch Auswirkungen auf die innere Gelassenheit. Man kommt zur Ruhe von all der Hektik und kann neue Kräfte für den Alltag sammeln.

Im Gegensatz zur heutigen Zeit hatten die Menschen früher viel mehr Zeit und Muße und bewegten sich körperlich wesentlich mehr. Dadurch wurde die Tiefenatmung und Entspannung automatisch praktiziert.

Ein Bewegungsprogramm, das einem Spaß macht und leicht nachvollziehbar ist, führt zur Erhöhung der Tiefenatmung, denn man ist locker und atmet automatisch tiefer. Die Organleistungsfähigkeit wird verbessert und das körperliche Wohlbefinden erhöht sich. Wiederum hat dies positive Auswirkungen auf die Seele, was die allgemeine Entspannungsfähigkeit erhöht. Muss man sich während eines Bewegungsablaufs speziell auf die Atmung konzentrieren, was vielen Personen vom Koordinationsvermögen her schwer fällt, kann dies Stress auslösen und der Effekt der Tiefenatmung ist durch die erhöhte Konzentration nicht mehr gegeben. Deshalb habe ich bei der Entwicklung der Methode SIEGENTHALER VITAL besonders auf einfache und nachvollziehbare Übungen geachtet. Es ist schön zu sehen, wie viele Menschen lieber die einfachen Übungen wählen und dabei noch lachen können, wodurch man wiederum mehr Luft holen muss. Kann ein Bewegungsablauf gut nachvollzogen werden, steht einer verstärkten Bewegungsausführung, die unterstützt wird durch die Atmung, sicherlich nichts mehr im Weg. Praktisch heißt das: während man bei einer Übung kräftigt, sollte ausgeatmet werden, während dem Halten einer Übung empfiehlt sich ruhiges Ein- und Ausatmen und beim Entspannen Einatmen.

Achtung Fehlhaltung!

Durch die vielen sitzenden Berufe und auch durch häufig passive Freizeitbeschäftigung steigen die Zivilisationskrankheiten, wie anfangs schon erwähnt.

Tatsache ist, dass die Rücken- und Hals-Nackenprobleme zunehmen. Jährlich steigen die Rückenbeschwerden ums Mehrfache an.

Kinder im Alter von 10 Jahren sitzen bereits bis zu 12 Stunden pro Tag. Die passiven Freizeitbeschäftigungen wie Gameboy spielen, Fernsehen, Computerspiele und Handy-Gebrauch, etc. sind immer mehr im Vormarsch, was zu katastrophalen Haltungsschäden führt. Wie bereits anfangs erwähnt leiden immer mehr Menschen unter Haltungsfehlern. Über 80 % der Kinder weisen bereits im Alter von sieben Jahren eine Fehlhaltung auf, bei den Erwachsenen sind es sogar über 90 %.

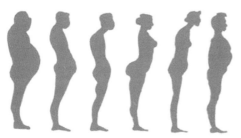

Fehlhaltung 90 %
Quelle: Das Wunder unseres Körpers, Meyer Multimedia

Quelle: „Das Wunder unseres Körpers, Meyer Multimedia" [19]

Im Folgenden möchte ich Ihnen eine Fehlhaltung mit deren Folgen kurz erklären.

Sobald kleine Kinder stehen können, zieht man ihnen Schuhe an. Dies hat zur Folge, dass sich dadurch die Fußmuskulatur bereits in jungen Jahren abschwächt. Verschiedene Fehlstellungen der Füße wie Senk-, Spreiz-, Hohl- oder Plattfüße nehmen immer mehr zu, was durch den massiven Bewegungsmangel verstärkt wird.

Eine abgeschwächte Fußmuskulatur hat unweigerlich Folgen für den ganzen Halteapparat, wodurch zunächst die Bauch- und Gesäßmuskeln schwächer werden. Der Gegenspieler dieser Muskulatur, der Hüftbeuger, wird dadurch verkürzt. Dieser Muskel ist dafür verantwortlich, dass unser Becken gerade steht und wir aufrecht sitzen können. Bei einer starken Verkürzung kippt das Becken nach vorne. Die Folge ist ein überstarkes Hohlkreuz, häufig die Ursache von Rückenschmerzen.

Dieser unangenehmen Stellung weicht man in eine andere Stellung aus und beugt sich nach vorn. Die Folge ist ein Rundrücken, wodurch sich die Brustmuskulatur verkürzt und es zu Atemwegsproblemen kommen kann. Ca. 500 Millionen Lungenbläschen haben die Aufgabe, Atemluft aufzunehmen und wieder abzugeben. Durch eine Verkürzung der Brustmuskulatur verkleben diese Bläschen miteinander. Eine optimale Sauerstoffzufuhr ist deshalb nicht mehr gewährleistet. Eine größer werdende Anzahl von Menschen leidet unter verschiedenen Atemwegsproblemen, was auch durch die Luftverschmutzung verursacht wird. Jedoch ist die beschriebene Fehlhaltung mit zu berücksichtigen und verstärkt dieses Gesundheitsproblem.

Im Weiteren wird die Rückenmuskulatur im oberen Bereich des Rückens abgeschwächt und es entsteht ein Rundrücken; eine nach vorn gebeugte Haltung ist die Folge.

Um geradeaus schauen zu können, wird der Kopf nach oben gehalten und es kommt zu Verkürzungen im Hals-Nacken-Bereich.

Zieht man z.B. in Stresssituationen unwillkürlich noch die Schultern nach oben, wird die Blutzufuhr zum Gehirn eingeschränkt. Unter anderem kann dies zu vermehrten Kopfschmerzen führen.

Eine unzureichende Blutzufuhr zu den Gehirnzellen ist schädlich. Ich bin heute davon überzeugt, dass viele noch nicht erforschte Hirnkrankheiten nicht nur mit dem Einfluss einer vermehrt schädigenden Umwelt und einem ungesunden Lebensstil zu tun haben. Das Ausmaß einer körperlichen Fehlhaltung muss ebenfalls, wenn auch nur am Rande, mit in Betracht gezogen werden.

Zudem weichen die Muskeln in einen leichten Kniestand aus, wodurch sich die Muskulatur der Oberschenkel und Waden verkürzt. Eine frühe Knie- und Hüftarthrose tritt somit unweigerlich ein.

Belastet man zusätzlich ein Bein durch viel einseitiges Stehen, so verschiebt sich die Körperstatik einseitig bis über einen Zentimeter, was wiederum zu Knie-, Hüft- und Rückenbeschwerden führt.

Bei einer Fehlhaltung werden alle Organe, die auf dem Beckenboden liegen, überbeansprucht und drücken auf die Beckenbodenmuskulatur. Daher entsteht eine frühzeitige Beckenbodenabschwächung, was auch zur Harnikontinenz führen kann.

Immer mehr Menschen, sowohl Männer als auch Frauen, leiden darunter. Vermehrt sind auch jüngere Menschen davon betroffen.

Die Zunahme starker Haltungsschwächen ist, wie oben erwähnt, auf langes Sitzen, die Gewohnheitshaltung und nicht zuletzt auf einseitigen Leistungssport, wodurch viele Langzeitschäden entstehen, zurückzuführen. Die vermehrte Einnahme von Fast-Food trägt mit einen Teil dazu bei, dass man sich nur schlapp und abgeschwächt fühlt.

Eine optimale Haltung entlastet nicht nur die Gelenke und Organe, sie verleiht auch eine selbstbewusste Ausstrahlung und trägt zu mehr Selbstwert bei.

Meine Fehlhaltung verschlimmerte sich von Jahr zu Jahr

So sah ich mit ca. 22 Jahren aus. Ein starker Rundrücken und ein überstarkes Hohlkreuz führten zu immer häufiger wiederkehrenden Rückenbeschwerden.

Als unsere drei Kinder auf der Welt waren, verbrachte ich viele Stunden beim Physiotherapeuten. Zweimal pro Woche erhielt ich Unterwasser- und Trockenmassagen sowie Fangopackungen. Zu den starken Hals-Nacken-Beschwerden kam eine massive Beckenbodenabschwächung hinzu, was zu einer Harninkontinenz führte. Die Entfernung der Gebärmutter – mit der damaligen Begründung dies würde die Beckenmuskulatur entlasten –führte trotzdem nicht zum erwarteten Erfolg. Die wieder auftretende Harninkontinenz war vier Jahre später genauso stark wie vorher. Man erwog eine zweite Operation mit dem Anheben der Blase, was ich jedoch ablehnte. Ich dachte, es kann doch nicht sein, dass ich schon in so jungen Jahren mich damit zufrieden geben sollte. Im Großen und Ganzen waren das wirklich keine guten Aussichten auf das zunehmende Altern. Die dauernde Müdigkeit, die mich bereits über drei Jahre begleitete, führte auch mal zu depressiven Verstimmungen. Dies war nicht einfach für meinen Mann, der nun, obwohl ich noch zu den jüngeren Semestern gehörte, mit einer „alten Frau" verheiratet war.

Auf Anraten von Dr. med. H. Bronnenmayer, – er war es, der mir damals die Frage gestellt hatte „Willst du oder möchtest du?" – habe ich mich zur Ausbildung als Fitness-Trainer angemeldet. Es war und ist für mich heute noch nicht selbstverständlich, dass ich diese Ausbildung abschließen konnte und das sogar mit Auszeichnung, womit ich nicht gerechnet hatte. Mein Ziel war es nur, die Ausbildung zu beenden.
Durch meine damaligen gesundheitlichen Schwierigkeiten konnte ich während meiner Ausbildung vieles nicht mit-

machen und mir machte vor allem meine immer wiederkehrende Müdigkeit mit den damit verbundenen Muskelschmerzen sehr zu schaffen. Da ich körperlich ständig übersäuert war, konnte ich viele Bewegungsabläufe nur durchs Zuschauen lernen. Zumindest habe ich einen Vorteil darin gesehen, dass sich somit das dauernde Übel meiner starken Harninkontinenz in Grenzen halten konnte. Von Beginn der Ausbildung war es mir klar, dass ich viel würde lernen müssen, jedoch unterwarf ich mich nicht mehr dem eigenen erwarteten Leistungsdruck. Dies führte sicherlich zur erhöhten Leistung. In den Seminaren gehe ich verstärkt auf die Thematik des Leistungsdruckes ein. Heute noch bin ich meinem Mann sehr dankbar, dass er, während ich am Lernen oder an den Schulungskursen in Innsbruck war, nach unseren Kindern schaute. Der Dank geht auch an die Unterstützung der verständnisvollen Lehrkräfte, die es mir ermöglichten, einen Weg finden, trotz der reduzierten Kräfte eine solche Ausbildung durchzuhalten. Dieser Einfluss ist ansteckend und wurde zu einem der Meilensteine für die Ausbildung zum Vital-Trainer von Siegenthaler Vital.

Ich begann mit der Umsetzung eines zu mir passenden Bewegungsprogramms ohne Leistungsdruck.

Zurück zur Entdeckung der eigenen Fehlhaltung. Am Beginn der Ausbildung hat uns eine freundliche Physiotherapeutin persönlich begrüßt. Während ich ihr die Hand gab, schaute sie mich von oben bis unten an. Lachend meinte sie: „Wie willst du mit solch einer Fehlhaltung diese Ausbildung absolvieren?" Als ich mich daraufhin bewusst im Spiegel betrachtete, musste ich ihr Recht geben. Heute bin ich sehr dankbar, dass ich nicht gleich das Handtuch geworfen habe und ich war froh, dass jemand den Mut hatte mir die Wahrheit zu sagen. Konsequent stellte ich bewusst meinen Lebensstil um. Während meiner Ausbildung lernte ich Übungen kennen, die meinem Körper gut taten und damit auch mein angeschlagenes Selbstwertgefühl stärkten. Ich begann mit der Umsetzung eines zu mir passenden Bewegungsprogramms ohne Leistungsdruck.

Durch gezieltes Training, das meiner Situation und meiner Person angepasst war, stellte sich bereits nach kurzer Zeit eine deutliche Besserung und körperliche Wiederherstellung ein.

Ich wurde durch ein vernünftiges, auf mich abgestimmtes Training wieder leistungsfähiger und bekam die zum Teil verloren gegangene Lebensfreude zurück. Nicht nur meine Haltung hat sich geändert, auch mein verloren gegangener Selbstwert kam zurück. Aus diesen Gründen sind nicht nur das vorliegende Buch wie auch die vorgängigen Produkte entstanden, sondern ebenso die Vorträge, Seminare und die Ausbildung.

Im Verlauf mehrerer Jahre wurde mir bewusst, dass die Qualität, nicht die Quantität über den Erfolg eines gesundheitsorientierten Trainings entscheidet. Und so begann ich von Grund auf, mein Leben auf Gesundheit und nicht auf Leistung auszurichten.

Es lohnt sich, in kleinen Schritten fit zu werden – und das ohne Leistungsdruck.

Bequem, aber gefährlich

Kindersitze im Auto müssen sein, aus Sicherheitsgründen im Straßenverkehr. Doch diese werden weit mehr genutzt als notwendig. Ein solcher Sitz ist um einiges leichter an Gewicht als eine Tragetasche. Ein Kinderwagen ist zu verschiedenen Anlässen, zu denen man geht, oft sperrig und braucht viel Platz. Aus solchen Gründen greift man mehr als man sollte zu solch einem Sitz. Zudem hat das Ganze im häuslichen Bereich noch einen Vorteil. Ein Kind ist oftmals auch ruhiger in diesem bequemen Sitz, als wenn es irgendwo z.B. am Boden liegt. Dies ist nachvollziehbar. Erwachsene setzen sich auch lieber auf eine bequeme Couch als auf einen Stuhl. Man entspannt sich dort eben leichter.

Sitzt ein Kind zu früh und zu lange in solch einer Sitzhaltung, verkürzt sich dessen Muskulatur im Bereich des Hüftbeugers, der Bein-, Rücken-, sowie der Brustmuskulatur. Dadurch können die verschiedenen Muskelgruppen weder auf natürliche Art gedehnt noch gekräftigt werden, da das Kind nicht ausreichend strampeln und sich auch nicht selbst umdrehen kann. Durch die Sitzhaltung drücken die Organe im Bauch beständig auf die Beckenbodenmuskulatur, was zu einer sehr frühen Abschwächung derselben und deren unangenehmen Folgen führen kann. Dies erklärt auch, warum unter anderem immer mehr Kinder erst mit 6 oder 7 Jahren statt bereits zwischen 3 und 5 Jahren trocken sind.

Wenn ein Kind zufrieden ist und auf dem Rücken liegt, hält es die Arme im rechten Winkel nach oben, wodurch die Brustmuskulatur gedehnt und gleichzeitig der Gegenspieler, die Rückenmuskulatur, durch das Zusammenziehen der Schulterblätter gekräftigt wird.

Strampeln und drehen sind Bewegungsabläufe, wodurch sich die gesamte Muskulatur auf natürliche Weise dehnt und kräftigt.

Sitzt ein Kind zuviel und zu lange in diesem Sitz, so fehlen diese natürlichen Bewegungsmuster, was zu erheblichen Einschränkungen der Haltemuskulatur führt. Um dies auszugleichen, muss ein Kind sich schon im frühen Kindesalter möglichst viel bewegen. Doch bei der heutigen Bewegungsarmut ist dies wohl fraglich. Sind unter anderem nicht auch viele Haltungsschäden auf die dauernde Bequemlichkeit, die uns tagtäglich angeboten wird, zurückzuführen? Das Ganze lässt auch erklären, warum immer mehr Kinder nicht mehr krabbeln. Sie stehen einfach irgendwann auf und gehen. Sind verschiedene Muskelgruppen verkürzt und abgeschwächt, so ist diese Bewegungsausführung unter anderem nicht gegeben. Ich möchte Sie ermutigen. Stellen Sie wieder einen Laufstall auf – kein Kind bekommt deswegen ein „Gittersyndrom" – der einem Kind bereits ganz früh eine große Bewegungsfreiheit ermöglicht. Es lohnt sich also manch scheinbare Unannehmlichkeiten auf sich zu nehmen, so dass es nicht zu noch weiteren gravierenden Folgen kommt und wir letztlich Milliarden für unsere Bequemlichkeit bezahlen müssen.

Um dies auszugleichen, muss ein Kind sich schon im frühen Kindesalter möglichst viel bewegen.

Um die Koordination und Geschicklichkeit von Kindern zu fördern, sollte man wieder mehr Federball, Tischtennis, Verstecken im Wald, Baumhütten bauen und so weiter mit ihnen spielen.

Es gibt so viele einfache Möglichkeiten, man muss sie nur umsetzen. Überraschen Sie doch Ihr Kind mit einem Einrad. Oder basteln Sie sich und Ihren Kindern doch einmal Stelzen. Dies

fördert die Ausdauer und die Haltemuskulatur wird gekräftigt, zudem wird die Koordination gefördert und es ist ein außerordentlich effektives Beckenbodentraining. Kinder, die sich viel bewegen und verschiedene Sportarten betreiben, dies jedoch ohne erzwungenen Leistungsdruck von ehrgeizigen Eltern, können sich besser konzentrieren und haben ein höheres Auffassungs- und Lernvermögen.

Wir sind zu einer Sitz-Gesellschaft herangewachsen. Nicht verwunderlich, wenn Sehnen, Bänder und Muskeln ihre Funktion nicht mehr ausüben können. Durch das zunehmende Übergewicht erhöht sich die Druckbelastung auf die Gelenke, was zu frühzeitigen Gelenksschäden führt. Außerdem ist das Herz-Kreislauf-System unzureichend gefordert, was zu Herzinfarkt, Durchblutungsstörungen und deren Folgen führt. Wir haben eine Zunahme von verschiedenen Risikofaktoren, auf die am Anfang des Buches bereits hingewiesen wurde.
Es ist an der Zeit sich in Bewegung zu setzen. Vieles ist möglich durch angepasstes Training. Denn was wir heute in unsere Gesundheit investieren, werden wir später nicht für Krankheiten aufbringen müssen.

Übergewicht und seine Folgen

In den europäischen Ländern ist bereits jedes vierte Kind übergewichtig.

Erschreckend ist zudem die Zunahme von Übergewicht und Diabetes unter Kindern, Jugendlichen und auch Erwachsenen, wobei die Amerikaner den Europäern noch eine Elle voraus sind. Doch leider nimmt auch der amerikanische Lebensstil in Europa stark zu.

Wer in die USA reist, dem fallen die vielen Frauen und Männer auf, die einen unglaublichen Körperumfang aufweisen und dadurch kurzatmig sind. So schreibt der Schweizer Tagesanzeiger in einem erschreckenden Bericht vom 9.5.2003: ... was dazu geführt hat, dass die Amerikaner das fetteste Volk der Welt wurden. Der Grund dafür ist rasch ausgemacht: zu viel, zu süßes und zu fettes Essen und Trinken, und damit verbunden zu wenig Bewegung. Wie konnte es so weit kommen? Greg Critser versucht in seinem Buch „Fat Land. How Americans became the fattest people in the world" (Houghton Mifflin Company, 2002) eine Erklärung. Er bezieht neben den ernährungswissenschaftlichen Tatsachen auch kulturgeschichtliche Hintergründe dieser Entwicklung mit ein. Sie sind hochinteressant, weil sie die religiöse Seite genauso tangieren wie die der Politik und der Wirtschaft.

„Alles begann mit der Nahrungsmittelindustrie, die wachsen und ihre Profite steigern wollte, sich dabei jedoch vor die Aufgabe gestellt sah, die Leute dazu zu bringen, mehr zu essen, als ihnen gut tut.

Man kann sich wohl alle paar Monate einen neuen Computer kaufen, aber nicht einfach zehnmal so viel essen wie sonst. Doch mehr essen kann man durchaus und auch die Leute davon überzeugen, dass sie mehr essen sollen. Wie dies möglich ist, hat ein Mann namens David Wallerstein herausgefunden, der heute in der Chefetage von McDonalds sitzt und in den Sechzigerjahren für eine Kinokette arbeitete. Damals zerbrach er sich den Kopf darüber, wie er mehr Popcorn und Soda, eine wichtige Einnahmequelle der Kinos, verkaufen könnte. Er versuchte alles Mögliche, bot Matinee Specials oder drei Getränke zum Preis von zweien an, aber alles war vergeblich. Die Kunden ließen sich nicht dazu überreden, mehr als ein Getränk und eine Tüte Popcorn zu konsumieren.

Dann kam ihm die zündende Idee. Er bot weiterhin nur eine, aber eine größere Portion an: das Supersizing war geboren. Die Riesenportionen, die bald im ganzen Land Verkaufsschlager waren, wurden bekannt unter den Namen Big Gulp, Big Mac, Jumbo Fries, Macho Meal, Never Endig Pasta und ähnliche. Die Kinder langten zu und es zeigte sich, dass sie mehr aßen, wenn man ihnen mehr servierte, und zwar bis zu dreißig Prozent. Die Statistik belegt, dass die Amerikaner in den letzten dreißig Jahren den Tagesverbrauch um 500 Kalorien pro Kopf steigerten. Neue Süßmittel aus Maissirup, billiges Palmöl und konservierende Fette für Fastfood und Snacks haben das ihre dazu beigetragen, dass der Überschuss an Kalorien als Fett im Körper abgelagert wird. Die Fähigkeit der Fettspeicherung ist zur Plage geworden." [20]

Man sollte bedenken, dass sich die Geschmacksnerven, die sich im Mund befinden, durch die vermehrte Einnahme von Nahrungsmitteln mit reichlich angereicherter Chemie und versteckten Fetten – hierzu gehören Fertigprodukte, Snacks, Süßigkeiten, Gebäck, frittierte und panierte Speisen, Wurstwaren, vollfette und rahmhaltige Milchprodukte – negativ verändern. All diese Produkte erfreuen zwar häufig den Gaumen, haben aber einen eher gesundheits-beeinträchtigenden Stellenwert! Süßigkeiten und alkoholische Getränke haben in der gesunden Ernährung schließlich insofern Platz, als dass sie als „Genussmittel" dienen und nur gelegentlich – dann aber mit Genuss – verspeist und getrunken werden sollten.

Not kann auch zu einer Veränderung führen, selbst dort, wo man es üblicherweise nicht erwartet. Kürzlich sendete mir jemand eine E-Mail: „Kirche unterstützt Mitglieder beim Abnehmen"

„Herausgefordert von ihrem gesundheitlich angeschlagenen Pfarrer schwitzen sich Mitglieder der Anderson United Methodist Church News Service (UMC) in Jackson, Mississippi fit.

Pfarrer Joe May ermutigte die Mitglieder seiner Kirche, ihm zu folgen und durch bewusste Ernährung und Sport Gewicht zu verlieren. Es begann damit, dass der Arzt ihm eröffnete: „Wenn du nicht abnimmst, wirst du blind, musst an die Dialyse und wirst bald sterben." May erinnert sich: „Er drängte mich sehr, aufzupassen." Pfarrer May begann jeden Tag acht Kilometer zu gehen und hielt sich an eine spezielle Diät, mit der er allein zwischen Juni und Oktober 23 Kilogramm verlor. Von seiner Diabetes erfuhren seine Kirchenmitglieder erst in einer Predigt, in welcher er sie aufforderte, im übertragenen Sinn vom Sofa aufzustehen. „An diesem Tag trug ich einen Anzug, in den ich zwei Jahre lang nicht mehr hineingepasst habe", so May. Das war nur ein Anschauungsbeispiel, was wir tun können, wenn wir Glauben mit einem Ziel verbinden, das wir erreichen wollen. Ungefähr 180 Kirchenmitglieder unterzeichneten ein Abkommen, bei dem sie versprachen, die Fitnesskampagne zu unterstützen. So begann die Kirche damit, Aerobic-Klassen einzurichten. Nach jeder dieser Lektionen wird das Gewicht der Teilnehmenden kontrolliert. Alle Altersgruppen haben den Weckruf ihres Pfarrers gehört. Selbst der elfjährige Wilson Bell gab nach einer Aerobic-Lektion einige seiner Lieblingsspeisen auf. „Früher aß ich Mengen von Junkfood, Süßigkeiten und Schokoladeplätzchen", so Bell, der 6 Kilogramm abgenommen hat. „Heute esse ich viel Salat und trinke Milch und Wasser."

Gemeindeglied Ruth Davis hat durch tägliches Walking 5 Kilogramm abgenommen und besucht die Aerobic-Klasse dreimal pro Woche. „Ich bin 61 Jahre alt und versuche diesen Körper in so gute Verfassung zu bringen wie ich nur kann. Und ich möchte gerne lange leben." [21]

Unterschiedliche Beweggründe

Lapraevian Jackson wurde durch den tödlichen Herzschlag seiner Mutter vor zwei Jahren aufgeschreckt. „Sie hatte nicht wirklich Übergewicht", so Jackson. „Aber gerade das hat mich dazu gebracht, besser zu essen und gesünder zu leben."

Sondra Bell, welche eine der Aerobic-Klassen leitet, sagt, das Working-Out könne Geld für eine neue Garderobe sparen helfen. So habe sie 20 cm Bauchumfang abgenommen, worauf sie fast stolzer sei als auf die verlorenen Pfunde. „Denn ich habe einige Kleider, Röcke und Jeans, die ich nach etlichen Jahren endlich wieder anziehen kann. Das ist ein ganz schön gutes Gefühl." Pfarrer May ist erfreut über die Reaktion der Gemeinde.

Die Gesundheitskosten sind eskaliert und befinden sich in einer Höhe, wo sie noch nie waren. Viele in Amerika haben keine Invalidenrente. Vorsorge ist besser als heilen. Auch Pfarrer sind nicht gefeit gegen Krankheit. Das weiß auch Mays Bischof Hope Morgan Ward, ein begeisterter Jogger, der Mitglieder dabei sehr unterstützt, sich sportlich zu betätigen. Mays persönliches Ziel ist es, noch mehr Gewicht zu verlieren und seinen Blutzucker so weit zu kontrollieren, dass er auf die tägliche Insulinspritze verzichten kann.

Das Fitnessprogramm hat sogar dazu geführt, dass einige langjährige Traditionen abgeschafft wurden. May: „Wir haben wieder gelernt, Sitzungen ohne Essen abzuhalten." Kathy Wade freut sich über neue Freunde aus der Aerobic-Klasse. Sie nahm beim Sport und durch gesunde Ernährung 15 Pfund ab. „Ich fühle mich gesund. Ich habe jetzt viel Energie. Ich freue mich, jeden Tag zu Hause leben zu können." [22]

Man kann ja nur hoffen, dass so etwas auch in Europa Anklang findet.

Vieles wird von Amerika abgekupfert. Die laufende Zunahme des Übergewichts weist darauf hin, dass wir mit großen Schritten dem Beispiel Amerikas folgen. Ich bin der Meinung, egal um welche Institution oder Firma es sich handelt, wir alle sind aufgefordert, aktiv etwas für unsere Gesundheit zu tun. Denn nicht nur viele Ernährungsbücher empfehlen Mäßigkeit im Essen, ganz nützliche Ratschläge stehen bereits in der Bibel, die auf einen achtvollen Lebensstil, der nichts mit übermäßigem Essen zu tun hat, hinweisen.

Egal um welche Institution oder Firma es sich handelt, wir alle sind aufgefordert, aktiv etwas für unsere Gesundheit zu tun.

Gut gefüttert, aber schlecht ernährt

Die Fast-Food-Gesellschaft lässt die Krankheitskosten in die Höhe steigen. Das gesundheitliche Wohl von jedem Einzelnen erlebt seine Schattenseite. Werte, Umwelt, Wirtschaft und Arbeitsbedingungen erleben ihre Einbußen. Unter anderem führt dies zu erhöhter Energielosigkeit, vermehrten Krankheiten und einer Zunahme an Erschöpfungszuständen.

Oft reicht es nur zu einer kurzen Fertigmahlzeit. Der Verzehr von reichhaltigem Obst und Gemüse ist kaum gegeben. Zu verzeichnen ist ein zunehmender Vitalstoffmangel. Kurzum: Realistisch gesehen kommt eine Katastrophe auf uns zu.

Die Kombination von minderwertiger Nahrung und Bewegungsmangel hat weltweit zu Gewichtsproblemen geführt. Ernährung ist ein sehr umfangreiches Thema, das allein mindestens ein Buch für sich beanspruchen würde, und eine nähere Erläuterung würde den Rahmen dieses Buches sprengen. Trotzdem möchte ich auf einige praktische Tipps zur Ernährung eingehen.

Eine gesunde Ernährung setzt sich aus einer ausgewogenen und vielseitigen Mischung von verschiedenen Lebensmitteln zusammen.

Gemüse und Früchte bilden die Grundlage einer gesunden Ernährung, da diese außer Vitaminen und Mineralstoffen auch so genannte sekundäre Pflanzenstoffe beinhalten, die für unseren Körper lebensnotwendig sind.

Milch, Butter, Käse und Sahne beinhalten tierische Fette. Zudem gibt es eine Vielzahl von ungesättigten Fetten, die in den Nusssorten sowie den Sojaprodukten und den verschiedenen Ölen enthalten sind. Nüsse sind eine gesunde Mahlzeit zwischendurch. Haben Sie während des Tages ein Zwischentief und wollen mehr Energie tanken, dann essen Sie eine Handvoll Nüsse. Darin sind Proteine, die Ihnen neue Energie verleihen. Viele haben Bedenken, da sie der Annahme sind Nüsse seien Dickmacher. Dies ist eine falsche Meinung. Nüsse enthalten viel „gute" und einfache ungesättigte Fette und wenig „schlechte" gesättigte Fette. Nüsse eignen sich daher hervorragend als Zwischenmahlzeit.

Fisch mag zwar nicht jeder, aber er ist sehr gesund. Wenn Sie ihn nicht mögen, sollten Sie unbedingt die in ihm enthaltenen wichtigen Nährstoffe, wie die Omega-3-Fettsäuren, als Kapseln zu sich nehmen. Kartoffeln, Reis, Teigwaren und verschiedene andere Getreidesorten enthalten unter anderem Kohlenhydrate und sind für die Energiezufuhr zuständig. Ihrer Gesundheit schadet es so gut wie nicht, wenn Sie hin und wieder etwas Süßes essen. Ja, sogar das bewährte kleine „Betthupferl", das kleine Schokoladenstück vor dem Schlafengehen, kann eine beruhigende Wirkung auslösen. Ein regelmäßiger zu hoher Konsum von Zucker führt jedoch zu gesundheitlichen Schäden.

Der Anstieg von Übergewicht und Diabetes (Zuckerkrankheit) vor allem unter Jugendlichen ist auf einen zu hohen Zucker- und

© 2005 Schweizerische Gesellschaft für Ernährung SGE

Fettgehalt in der Ernährung zurückzuführen; dazu kommt noch der um sich greifende Bewegungsmangel.

Viele Nahrungsmittel, wie z.B. Fruchtjogurt, verschiedene Fruchtsaftgetränke und Limonaden enthalten Zucker in versteckter Form. Deshalb sollte Mineralwasser oder Naturjogurt bevorzugt werden.

Das so oft beliebte Ketchup zu Pommes frites oder Big-Hamburgern ist nicht nur unter Jugendlichen zu einem Renner geworden. Fertigprodukte und zu schnelles Essen gehören vielfach zur Tagesordnung. Viele Mahlzeiten werden als Fastfood (Schnellküche) mit den oft verwendeten Fertigprodukten und dazu häufig noch im Stehen eingenommen. Möglichst viel wird in kurzer Zeit „in sich hineingestopft", ein Vorgang, der nicht bewusst reflektiert wird. Man fühlt sich oft unbehaglich nach dem Essen und hat mit erhöhter Gewichtszunahme und deren Folgeschäden zu tun. Außerdem verzichtet man häufig auf die so notwendige Entspannungszeit beim Essen. Eine hohe Insulinausschüttung – die Reaktion des Körpers auf den schnellen Verzehr der Nahrungsmenge und den oft hohen Zuckergehalt – ist mit verantwortlich dafür, dass nach dem Genuss von Gezuckertem bald wieder ein Bedürfnis nach Süßem ausgelöst wird.

Unser Körper benötigt Zucker, kann ihn aber aus natürlichen Quellen, wie z.B. Obst und Getreide beziehen. Es ist gesünder, wenn Sie den Zucker durch Honig oder Früchte ersetzen.

Der regelmäßige Verbrauch von Zucker führt zu einem Mangel an lebensnotwendigen Vitaminen und Mineralien, wie Vitamin B1, Chrom, Calcium und Magnesium. Zucker benötigt zur Umwandlung im Körper Vitamin B1 und Chrom. Die Säuren, die dabei entstehen, werden – unter anderem an Calcium und Magnesium gebunden – aus dem Körper ausgeschieden.

Unser Körper benötigt Zucker, kann ihn aber aus natürlichen Quellen, wie z.B. Obst und Getreide beziehen. Es ist gesünder, wenn Sie den Zucker durch Honig, Früchte und Ähnliches ersetzen. Kohlenhydrat ist der Fachbegriff für alle Formen von Zucker. Durch die Kohlenhydrate in Weißmehlprodukten steigt der Insulinspiegel im Blut schneller an als bei den Kohlenhydraten in Form von Vollwertprodukten. Die unverbrauchten Kohlenhydrate werden in Fett umgesetzt. Nicht nur durch das übermäßige Essen, auch durch die zunehmenden chemischen Zusätze in den Nahrungsmitteln nimmt die Entwicklung zum stets zunehmenden Übergewicht seinen Lauf.

Das wirksamste und bewährteste Rezept zur Gewichtsreduk-
tion lautet nicht: „Friss die Hälfte", sondern
IDR – Iss das Richtige und
BDV – Beweg dich viel

In früher Zeit hat man sich nicht nur mehr bewegt als heute, man hat sich auch um ein mehrfaches gesünder und nahr-
hafter ernährt. Unsere Vorfahren waren Sammler und Jäger. Sie
lebten von dem, was sie in der Natur vorfanden. Die damaligen
„Fertigprodukte" bestanden aus Äpfeln, Nüssen, Früchten, direkt
vom Baum gepflückt. Das Gemüse vom Acker und das Getreide
vom Feld wurden gegessen, ohne dass chemische Zusatzstoffe
wie wir das heute vorfinden hinzugeführt wurden. Der Mensch
besteht aus einer bioaktiven Substanz, deshalb führen viele Le-
bensmittel, die chemisch behaftet sind, zu verschiedensten Nebenerscheinungen, ohne dass dies eigentlich bemerkt wird. Die
Veränderung der Geschmacksnerven führt dazu, dass die Lust
darauf, ein Vollwertprodukt zu essen verloren geht. Bei einer
Umstellung muss man sich also zunächst an das Andere gewöhnen. Im Vergleich zu heute wurden früher bis zu dreimal mehr
Getreide und Hülsenfrüchte und ein Vielfaches an Vollkorn-Pro-
dukten gegessen. Trinkwasser trank man von Bächen und Brunnen, denn gesüßte Getränke gab es nicht. Heute besteht die
Nahrungsmenge bis zu über 75 % aus Fett, Zucker und Weiß-
mehl. Dies führt zu einem Minimum an Ballaststoffen. Will man
sich gesünder ernähren, empfehle ich, auf Vollwertprodukte um-
zusteigen und wesentlich mehr Gemüse und Früchte zu essen.

Unsere Vorfahren waren Sammler und Jäger. Sie lebten von dem, was sie in der Natur vorfanden

Wir Menschen bestehen aus Millionen von Zellen, in denen sich
jeweils ein Zellkern befindet. Durch den heutigen Stress und eine
leistungsorientierte Lebensweise werden vermehrt freie Radikale in unserem Körper freigesetzt. Freie Radikale entstehen beim
Atmen. Sie sind Abkömmlinge des Sauerstoffs, den wir einatmen. Ca. 5 bis 10 % des eingeatmeten Sauerstoffes werden in unserem Körper zu aggressiven und deshalb schädigenden Sau-
erstoffradikalen, den freien Radikalen, umgewandelt. Dadurch
entsteht im Körper ein so genannter oxidativer Stress, der mit
Rost zu vergleichen ist. Rost entsteht ebenfalls unter Einwirkung

von Sauerstoff. Freie Radikale und Antioxidantien sollten sich stets die Waage halten durch eine optimale Balance. Durch den ungesunden Lebenswandel vermehren sich die freien Radikale, die unserem Körper schädlich sind. Somit können die freien Radikale sowohl in die Zellwand eindringen als auch den Zellkern angreifen. Veränderungen am Zellkern können zu so genannten Mutationen führen, die wiederum Auslöser für eine krankhafte Entartung der Zelle sein können. Deshalb müssen dem Körper möglichst viele Antioxidantien, die vor allem in Obst und Gemüse zu finden sind, zugeführt werden, um die freien Radikalen zu binden und unschädlich für den Menschen zu machen.

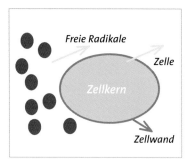 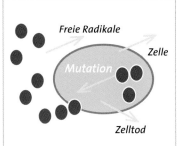

Das Einhalten der **drei Lifestyle-Säulen** ist die beste Prävention gegen oxidativen Stress (= die Dysbalance zwischen schädigenden freien Radikalen und schützenden Antioxidantien) und dessen Folgen:

- Bewegung
- Ernährung
- Entspannung

In Obst und Gemüse sind:

- Vitamine und Mineralstoffe sowie
- bioaktive Substanzen (sekundäre Pflanzenstoffe)
- Enzyme und
- Faserstoffe (Ballaststoffe) enthalten.

Die Konsequenzen für unsere Ernährung heißen also:
- Betonung pflanzlicher Kost
- Umstieg auf Vollwertprodukte
- Mehrere, das heißt mindestens 5 Portionen Früchte und Gemüse pro Tag
- Nicht überzüchtete, sondern vollreif geerntete Früchte
- Schonende Zubereitung
- Nicht isolierte Vitamin- oder Mineralstoffpräparate

Ein Sprichwort sagt: „Im Darm liegt die Gesundheit". Kein Wunder, wenn man bedenkt, dass in unserem Körper sehr viele Darmzotten vorhanden sind. In den Darmzotten kann so manches, was man zu sich nimmt, einige Zeit liegen bleiben. Unter anderem ist dies sicherlich ein Grund dafür, dass man sich oft aufgebläht und unwohl fühlt. Kein Tag vergeht, an dem nicht durch Werbespots auf das Unwohlbefinden des Darmes und dessen Folgen aufmerksam gemacht wird und entsprechende Produkte angepriesen werden. Dagegen hilft sicherlich zum einen eine ballaststoffreiche Nahrung, zum anderen vermehrtes Kauen, das die Verdauung anregt und somit zu einem besseren Wohlbefinden führt. Das Angebot verschiedenster Nahrungs-Ergänzungs-Präparate nimmt zu. Ist z.B. eine Grippe im Anzug, greift man oftmals nur zu einer erhöhten Dosis Vitamin C, ohne zu bedenken, dass ein einzelnes Vitamin nicht viel ausrichten kann. Anstelle eines isolierten Einzelproduktes empfiehlt es sich ein bioverfügbares Multipräparat mit einer Kombination vieler Vitamine, Mineralien und Spurenelemente zu sich zu nehmen. Nur in dieser Form kommen die Vitamine auch in der Natur vor und so werden sie am besten vom Körper aufgenommen, vertragen und vom Organismus verwertet. Unter anderem sind die Produkte von Life Plus nicht nur hochwertig, sie beruhen auf der Phytozyme Basis, sie sind bioaktiv. Zudem können die Produkte refinanziert werden oder wer möchte, kann sich ein Zusatzeinkommen aufbauen. Einer der großen Zukunftsmärkte ist das Empfehlungs-Marketing. Kaufentscheidungen beruhen zu 80 Prozent auf emotionalen Faktoren wie Sympathie und Vertrauen und nur zu 20 Prozent auf Fakten. Persönliche Empfehlungen und Mund-zu-Mund-Propaganda sind immer öfter das

entscheidende Kriterium, ob der Kunde kauft oder nicht. Die Firma Life Plus hat ein reines Kundennetzwerk und arbeitet nach dem Prinzip des Empfehlungs-Marketings. Falls Sie Interesse haben, dürfen Sie uns gerne kontaktieren, gerne stehen wir Ihnen für Fragen zur Verfügung.

Ich empfehle Ihnen, den Verzehr von Obst und Gemüse zu steigern. Viele Bauern verkaufen ihre Produkte direkt ab Hof, was die Garantie der vollreifen Produkte gewährt. Immer beliebter sind auch die Gemüsekisten mit dem entsprechenden Gemüse und Obst, das in der gerade herrschenden Jahreszeit geerntet wird und direkt vom Bauern ins Haus geliefert wird. Erkundigen Sie sich vor Ort, ob es auch bei Ihnen diese Möglichkeit gibt. Gute Erfahrungen machen wir mit frischen Obstsäften. Seit wir uns eine Saftpresse zugelegt haben und ich regelmäßig solche Säfte zu mir nehme, fühle ich mich um einiges vitaler als in früheren Zeiten. Nachteil bei diesen Fruchtsäften ist, dass die Faserstoffe nicht mehr enthalten sind und somit der Fruchtzucker viel schneller ins Blut geht. Diabetiker sollten darauf achten. Fruchtsäure kann den Zahnschmelz angreifen. Ein Glas Wasser hinterher oder eine kurze Mundspülung hilft dagegen.

Des Weiteren gehört ebenfalls zu einer ausgewogenen Ernährung:

- Vor dem Essen den Durst mit Wasser stillen.
- Langsam essen.
- Gut kauen, dadurch wird die Einspeichelung gefördert. Jeder Bissen sollte bis zu 30-mal gekaut werden. Dies ist übrigens auch eine einfache Möglichkeit zur Gewichtsreduktion (weil sich das Sättigungsgefühl schneller einstellt).
- Hören Sie auf zu essen, wenn Sie sich gesättigt fühlen.
- Wer häufig Beschwerden mit der Verdauung hat, sollte am Abend anstelle von Rohkost nur leicht verdaubares Essen, wie z.B. eine Suppe, zu sich nehmen.
- Werden die Mahlzeiten wie eine tägliche Urlaubszeit betrachtet, so nimmt man sich automatisch mehr Zeit dafür.

Außer der Empfehlung das Essen an einem schön gedeckten Tisch einzunehmen, sollte man das Essen

- regelmäßig
- sitzend
- ruhig und
- frei von Ablenkung zu sich nehmen.
- Anstelle der oft nebenbei gehörten Nachrichten während des Essens könnte man eine ruhigere Musik, z.B. von Johann Sebastian Bach, im Hintergrund laufen lassen oder ganz einfach mal die stille Seite des Lebens genießen.

Viel trinken

Ca. zweieinhalb bis drei Liter Flüssigkeit braucht der Mensch pro Tag. Wer mehr als 90 kg auf die Waage bringt, sollte bis zu 4 Liter pro Tag trinken, jedoch keine gesüßten Getränke. Oftmals genügt einfaches Leitungs- oder Mineralwasser. Sie können sich aber auch verschiedene Kräutertees zubereiten.

Ich selbst mache mir sehr oft verschiedene Tees, die ich am Morgen bereitstelle. So kann ich beim gelegentlichen Gang in die Küche immer mal wieder eine Trinkpause einlegen.

Viel trinken

- entsäuert
- verbessert die Fließfähigkeit des Blutes
- entlastet die Nieren
- hilft gegen Stuhlverstopfung
- hat einen positiven Einfluss auf die Blasenfüllung. Wer viel am Morgen trinkt und gegen Abend etwas weniger, muss nachts auch seltener auf die Toilette.

Durch sportliche Betätigung werden die Muskeln aufgebaut, während durch den erhöhten Energiebedarf Fettgewebe im Körper abgebaut wird. Muskelgewebe ist schwerer als Fettgewebe. Deshalb ist es möglich, dass Sie rein äußerlich abnehmen, während Ihre Waage genau das Gegenteil „behauptet". Das ist kein Grund zur Beunruhigung. Es kommt nicht in erster Linie auf das Gewicht an, sondern darauf, wie Sie sich fühlen. Wichtiger und aussagekräftiger als die Waage ist das Maßband.

Vielfach wird die Frage gestellt, wie man das Idealgewicht errechnet.
Der Body-Maß-Index gibt Aufschluss darüber und wird folgendermaßen ermittelt:
Körpergewicht geteilt durch Körpergröße im Quadrat = Body-Maß-Index. Ein Wert unter 19 bedeutet Untergewicht, von 19 bis 25 Normalgewicht, von 25 bis 30 Präadipositas (leichteste Stufe von Übergewicht), 30 bis 35 leichte Adipositas (Übergewicht), 35 bis 40 mittlere Adipositas, ab 40 schwere Adipositas

Beispiel: Bei einer Person mit einem Körpergewicht von 70 kg und einer Körpergröße von 1,70 m errechnet sich der Body-Maß-Index wie folgt:
70 : (1,70 x 1,70) = 24,22
Das heißt, der Body-Maß-Index bei dieser Beispielrechnung ist bei 24,22 und liegt somit im Normalbereich.

Wer richtig isst und sich vermehrt bewegt, wird langsam aber sicher ein vernünftiges Gewicht erzielen. Bedenken Sie: Es hat Jahre gedauert, bis Sie Ihr heutiges Gewicht erreicht haben. Deshalb darf es auch eine gewisse Zeit in Anspruch nehmen, bis Sie Ihr Übergewicht wieder verloren haben.

Immer mehr Frauen und auch Männer leiden an Magersucht. Wer magersüchtig ist, verspürt den unwiderstehlichen Drang abzunehmen, auch wenn die Gesundheit dabei in Mitleidenschaft gezogen wird. Abgemagert bis aufs Skelett hat eine magersüchtige Person immer noch den Eindruck, sie sei zu dick. Wenn das Körpergewicht unter 15 % des Normalgewichts liegt und man immer noch der Überzeugung ist, man sei zu dick und müsse unbedingt abnehmen, so ist es wahrscheinlich, dass diese Person bereits magersüchtig ist.
Magersucht kann zu schweren körperlichen Schäden, im Extremfall sogar zum Tod führen. Wie bei allen suchtgefährdeten Menschen benötigen viele in solch einem Fall ärztliche und psychologische Hilfe.

Aus eigener Erfahrung weiß ich, was Magersucht bedeutet. Ich selber war zwischen 18 und 22 Jahren magersüchtig. Ich nahm fast täglich bis zu fünf Abführtabletten von der extremeren Sorte zu mir. Ich dachte, dies sei ein einfacher Weg zur Gewichtsreduzierung. Mit der Zeit stellte sich das Gegenteil heraus. Ich war eher aufgedunsen, fühlte mich immer unwohler und plötzlich trug ich Größe 42. So konnte es nicht mehr weiter gehen. Sicherlich war es kein leichter Weg, von meiner eigenen Magersucht loszukommen. Grundsätzlich musste ich dazu eine Willensentscheidung treffen, die täglich wieder neu gefällt werden musste. Zudem habe ich meine Ernährung kontinuierlich umgestellt.

Fazit: Eine gesunde Ernährung ist optimale Nahrung plus eine gute Verdauung.

Soziale Gesundheit

Selbst die besten Friedensverhandlungen dieser Welt können nicht alles in den Griff bekommen. Die Nöte dieser Welt sind zu groß, und es wäre eine Utopie zu glauben, wir könnten eine „heile Welt" schaffen. Hingegen wäre ein realistisches wünschenswertes Ziel, dass man wenigstens alle noch vorhanden Kräfte sammelt, um das Leben so zu gestalten, dass es trotz allem lohnens- und erstrebenswert ist.

In ihrer Diplomarbeit schreibt Frau Dr. med. Anni Bogusch: „Wir leben in einer Gesellschaft, in der wir uns ganz wesentlich über unsere berufliche Tätigkeit definieren und daraus auch Lebenssinn und Selbstbewusstsein schöpfen. Schlecht bezahlte, unbefriedigende Arbeit, Angst vor Arbeitslosigkeit, sowie fehlende Anerkennung in der Gesellschaft können krank machen, bzw. Stress verursachen, der sich auf längere Sicht gesehen krankmachend auswirken kann.

Der Verlust des Jobs wird von vielen Menschen als persönliche Niederlage erlebt, oft geht die persönliche und soziale Identität verloren. Zu der Unsicherheit kommen die finanziellen Folgeeinwirkungen, die nicht selten zum völligen sozialen Rückzug führen. Das Fehlen von Kontakten im Privat- und Berufsleben wirkt sich negativ auf die Gesundheit aus. Sind Menschen nicht von Armut betroffen, haben sie nicht nur eine höhere Lebenserwartung, sondern im Alter auch mehr von Behinderung freie Jahre in der Gesundheit zu erwarten. Armut und soziale Ausgrenzung wirken sich schon auf die jüngeren Mitglieder unserer Gesellschaft negativ aus und beeinträchtigen ihre zukünftigen Lebenschancen. Kinder in armen Haushalten neigen etwas mehr zu Übergewicht. Die Säuglingssterblichkeit ist höher. Kinder aus sozial schwachen Elternhäusern haben bewiesenermaßen häufiger Sprachstörungen, Entwicklungsverzögerungen und ein ungünstigeres Gesundheitsverhalten. Alleinerziehende, besonders häufig von Armut betroffen, fürchten Arbeitsplatzverlust bei häufigem Fehlen bzw. Pflegeurlaub und schicken die Kinder auch dann in die Schule, wenn sie nicht ganz gesund sind. Erwachsene aus dem unteren Einkommenssegment gehen erst bei extremer Not zum Arzt. Sie treffen kaum Vorsorge. Dazu kommt die Scham, die eigene Armutssituation zu zeigen. Es ist die Pflicht jedes einzelnen, sich für die Gemeinschaft und Gesellschaft verantwortlich zu fühlen und soziale Ausgrenzung abzubauen und jene Menschen, die nicht auf der Sonnenseite stehen, an den Schönheiten und Freuden des Lebens teilhaben zu lassen. Soziale Kompetenz, also die Fähigkeit, das eigene Verhalten von einer individuellen auf eine gemeinschaftliche Handlungsorientierung hin auszurichten, ist dabei gefragt. Zumindest ausreichende soziale Kompetenzen der Bevölkerung sind damit Voraussetzung für das Funktionieren jeder nicht-autoritären, gesunden Gesellschaft."[24]

Es gibt eine Vielzahl von Studien, die belegen, dass Stress der Gesundheit schadet.

Eine kurzzeitige Stressreaktion ist für den Körper völlig unschädlich. Wenn aber eine Reizbelastung über eine längere Zeit andauert, entwickeln sich daraus gesundheitliche Gefahren. Erhöhter Stress, wie z.B. der zunehmende Lärm durch unsere heutigen technischen Hilfsmittel Kaffeemaschinen, Staubsauger, Autos, etc. ist noch gut zu bewältigen, falls er uns nicht pausenlos belästigt. Krankmachender Stress wird jedoch in erheblichem Maße auch durch zerstörte Beziehungen ausgelöst. Immer öfter gibt es Beziehungsschwierigkeiten in der Familie, im Verein, oder zum Nachbarn. Dies erhöht die Stressoren.

Ernstgemeinte Ermutigung und Motivation gehören zu den schönsten Geschenken des Lebens. Dies setzt ungeahnte Kräfte frei.

Wenn wir vor Herausforderungen stehen, tut uns Ermutigung besonders gut. Menschen, die uns etwas zutrauen, uns stärken und uns vorwärts bringen. Ernstgemeinte Ermutigung und Motivation gehören zu den schönsten Geschenken des Lebens. Dies setzt ungeahnte Kräfte frei. Es eröffnet neue Perspektiven, die motivierend wirken, dass ein positiver Einfluss zum Mitmenschen und auf die Gesellschaft ausgeübt werden kann. Die Physiotherapeutin Kerstin Pfnür beschreibt dies treffend in ihrer Diplomarbeit:

> „Leben ist Beziehung. Beziehungen sind lebensnotwendig! Wir mögen im Leben auf manches verzichten müssen, auf Beziehungen können wir nicht verzichten. Mangelnde oder schlechte oder belastete Beziehungen machen uns krank."[25]

„Was du nicht willst, das man dir tu, das füg auch keinem anderen zu." Dieses alte Sprichwort enthält nicht nur eine tiefe Weisheit, sondern motiviert gerade dazu mit sich selbst und unserem Nächsten gut und positiv umzugehen.

So gesehen kann der Umgang mit dem Nächsten nur dann gut funktionieren, wenn man auch verstanden hat, sich selber von Herzen zu lieben. Neigt man dazu, den Nächsten mehr zu lieben als man sich selber liebt, kann eine Beziehungskrise ausgelöst werden, insbesondere dann, wenn die eigenen Bedürfnisse nonstop zu Gunsten des Nächsten zurückgestellt werden. Ein achtvoller Umgang mit sich selber löst eine hohe Wertschätzung aus, was sich dann in guter Weise zum Nächsten auszeichnet.

Kein Mensch ist fehlerfrei. Solange es Menschen gibt werden Fehler gemacht, ob wir das glauben oder nicht. Wer ist denn schon perfekt? Dies soll keine Ausrede sein, dass man Fehler entschuldigt. Aber was passiert mit mir, wenn man mich z.B. beleidigt, beschimpft oder mich gar enttäuscht? Es besteht die Möglichkeit auf zwei Arten zu reagieren, wobei man sich nur für das eine oder das andere entscheiden kann. Bildlich gesehen gibt es die Möglichkeit die verursachte Last wie ein Lastenträger des anderen hinterher zu tragen, woraufhin es zu einer Dauerüberlastung und deren erschöpfende Auswirkungen kommen könnte. Zudem können Wurzeln einer Verbitterung hervorgerufen werden. Letztlich können diese zu schwerwiegenden Folgen führen. Die andere Variante ist der Weg zur Entlastung. Der Lastenträger legt seine Last ab und geht ohne diese weiter. So einfach es klingen mag, es gibt auch die Möglichkeit den Weg der Vergebung einzuschlagen. Das ist nicht immer einfach und in manchen Fällen benötigt es fachliche Hilfe, denn die Gefühle, die verletzt wurden, brauchen Zeit um wieder heil zu werden. Doch es ist weitaus der bessere Weg für die eigene Gesundheit und Vitalität. Die Worte aus dem weltweit bekannten Gebet – vorausgesetzt es kommt von Herzen – „Vergib uns unsere Schuld, wie auch wir vergeben denen, die uns Unrecht getan haben" [26] sind ein wahrer Schlüssel zur eigenen Gesundheitsförderung und Vitalitätssteigerung.

Positive Freundschaften

„Genießen Sie positive Freundschaften, kehren Sie negativen kräftezehrenden Beziehungen den Rücken. Umgeben Sie sich mit positiv denkenden und handelnden Menschen, die Ihre Motivation fördern."[27]
Dabei werden Sie erleben wie Sie auf dem Wege sind Ihre eigene Kreativität zu entdecken und zu entfalten. Es tut gut, wenn man sich positiven Freundschaften zuwendet. Ob in der Partnerschaft, in der Familie oder bei Freunden, die Integration mit anderen gestaltet sich kreativ und ist spannend zugleich, denn jeder ist einzigartig. Freude mit andern Menschen zu teilen bedeutet Stressabbau. Positive Menschen sind gute Motivatoren für andere.
„Positive Beziehungen finden ihren Anfang, wenn zwei oder mehrere Menschen mit gemeinsamen positiven Sichtweisen auf alle möglichen Themen und mit dem Verlangen, positiv durchs Leben zu gehen, aufeinander treffen. Wenn sich beide Seiten darauf geeinigt haben, kann es durchaus Spaß machen, die andere Person freundlich daran zu erinnern, dass sie momentan eventuell nicht so positiv eingestellt ist."[28] Ein Baum, der gute Wurzeln trägt, bringt gute Früchte hervor. So sind gegenseitiges Vertrauen und Respekt Grundpfeiler, die zu einer positiven Beziehung gehören. So fühlt man sich nur sicher, wenn man angenom-

men ist. Ein Vorschuss an entgegengebrachtem Respekt führt zu mehr Vertrauen, was die Beziehungsfähigkeit fördert, die wiederum auf andere überspringt. Es ist wunderbar, wenn Menschen um uns herum positiv beeinflusst sind. Lernen Kinder schon in früheren Jahren positive Beziehungen kennen, wird das einen bleibenden Einfluss in den späteren Lebensjahren bewirken.

Soziale Beziehungen sind ein wichtiger Bestandteil, die zur Gesundheit und Vitalität gehören. Positive Beziehungen sind aufbauend und förderlich für einen selbst sowie für den Nächsten. Gewinnbringend kann die Kreativität entfaltet werden, die motiviert.

Positive soziale Beziehungen
- bauen auf gegenseitiges Vertrauen und
- Respekt auch wenn man nicht immer der gleichen Meinung ist.

Die Beteiligten
- halten sich fern von gegenseitiger Manipulation
- freuen sich an- und miteinander
- unterstützen und motivieren den anderen, so dass die Kreativität entfaltet werden kann
- halten zueinander auch durch schwierige Zeiten
- sind nicht neidisch aufeinander
- suchen nicht nur das Eigene
- gönnen sich gegenseitig das Gute
- vergeben einander

Nicht immer kann man alles miteinander perfekt umsetzen, dazu braucht es Geduld, Hoffnung und Liebe, wobei die Liebe das allergrößte Geschenk ist.

So wie auf Seite 209 beschrieben ist, können Sie sich persönliche Ziele setzen und aufschreiben. Es soll Sie ermutigen den Weg der kleinen Schritte zu gehen, denn viele kleine Schritte bringen Sie zum Ziel, zu Vitalität und Lebensfreude.

Gesundheit der Seele

Die Lebensqualität wird durch Inaktivität vermindert. Immer öfter werden Menschen Gefangene der Sitzgesellschaft. Diese negative Beeinflussung schädigt nicht nur das gesamte Organsystem, sie hat auch negative Folgen auf das seelische Wohlbefinden, wodurch die Lebensqualität deutlich herabgesetzt wird.

Hermann Hesse soll einmal gesagt haben „Mit der körperlichen Verwöhnung und Trägheit geht die geistige Hand in Hand." Es ist überraschend, wie Hesse diese Interaktion zwischen Leib und Seele ausdrückt. Sind nicht manche Probleme und Schwierigkeiten, die unsere Seele belasten, die Ursache dafür, dass wir unseren Körper vernachlässigen?

Kurz nach unserer Heirat nahmen mein Mann und ich in London an einer mehrtägigen Konferenz teil, bei der es um Team-Bildung ging. Wir beobachteten den damaligen Leiter George Verwer, einen Mann, der durch seine berufliche Tätigkeit nonstop unterwegs war. Viele Teilnehmer des Kongresses fragten sich, wie dieser Mann sein Pensum wohl bewältigte. Jeden Morgen joggte er mit seinen engsten Mitarbeitern einige Runden. Sein Durchhaltevermögen und seine Ausgeglichenheit, die sicher mit seinem körperlichen Training zusammenhingen, waren beeindruckend und wurden für viele zum Vorbild.

Außer dem körperlichen Training spielt der Umgang mit Gefühlen eine wichtige Rolle für die seelische Gesundheit. So schreibt

Melanie Rufer in ihrer Diplomarbeit: „Manche Menschen lassen sich von ihren Gefühlen bestimmen und handeln dann überwiegend emotional. Sie machen ihre Gefühle zum Maß aller Dinge. Oft lassen sie andere an ihren Gefühlen extrem offen teilhaben und haben kaum eine Privatsphäre. Sie sind daher leicht verletzbar, manipulieren aber auch, indem sie andere mit ihren Gefühlen unter Druck setzen.

Auf der anderen Seite gibt es Menschen, die sich ihrer Gefühle kaum bewusst sind und dementsprechend auch kaum darüber reden. Das heißt natürlich nicht, dass ihre Entscheidungen nicht ebenfalls wesentlich von ihren Gefühlen beeinflusst werden. Sie wissen es nur nicht und begründen immer alles scheinbar rational. Sie setzen auf Vernunft und ignorieren die Motivation. Oft verhalten sie sich abfällig gegenüber emotionalen Menschen.

Gefühle können uns auf etwas aufmerksam machen, sie können aber auch trügerisch sein. Um Gefühle zu reflektieren, sie gut wahrzunehmen und ihre Bedeutung zu verstehen, brauchen wir Gespräche und Begegnungen mit anderen. Das erfordert Zeit und Fähigkeit zuzuhören, sich einzufühlen, eigene Empfindungen zu äußern, Konflikte auszuhalten, Kompromisse zu schließen, usw. Ein guter Umgang mit Gefühlen ist nur möglich, wenn wir in guten Beziehungen mit anderen stehen. Das kann man in erheblichem Maß lernen. Also gehört es zur Psychohygiene, sich immer wieder in Auseinandersetzung mit anderen zu begeben und immer neu Beziehung zu lernen. Gute Kommunikation ist nicht angeboren und wird auch nicht ein für alle Mal erworben." [29]

Gute Kommunikation ist nicht angeboren und wird auch nicht ein für alle Mal erworben

Der Einfluss eines dem körperlichen, seelischen und geistigen Zustand angepassten Trainings erhöht die Fähigkeit, Gefühle wahrzunehmen, das Akzeptieren von Schwächen und Stärken und den gesunden Umgang mit der Psyche. Somit können rechtzeitig Gefahren, Signale unseres Körpers und unserer Seele zur Früherkennung von Erschöpfungs-Zuständen erkannt und frühzeitig behandelt werden.

Vergleichbar mit einem Fischernetz, das nicht ausgeworfen wird und unbrauchbar ist, führen verschiedene Reaktionen, hervorgerufen durch Bewegungsmangel, nicht nur zu körperlichen, sondern auch im seelisch-geistlichen Bereich zu permanenten negativen Begleiterscheinungen.

Rechtzeitig zu reagieren erspart massive Einbußen der eigenen Lebensqualität und die damit verbundenen Kosten im Gesundheitswesen. Das unzertrennliche Zusammenspiel von Körper, Seele und Geist spiegelt die Einheit unseres Leibes wider. Das eine reagiert auf das andere. In der unten stehenden Auflistung sehen wir einige Beispiele, wie die drei Bereiche voneinander abhängen und sich teilweise auch im Unterbewusstsein abspielen. Wir müssen jedoch aufpassen, dass wir nicht gleich auf eine erwähnte Krankheit schließen, wenn eine einzelne Aussage auf uns zutrifft. Es können auch ganz andere Gründe vorliegen.

Dr. med. Herbert Bronnenmayer, Vorsorgemediziner aus Österreich, stellt folgende Zusammenfassung auf:

Stress-Signale erkennen

Mental/Gedanken
- Übertriebene Sorge
- Achtlosigkeit
- Vergesslichkeit
- Alpträume
- Selbstmissachtung
- Gedankliche Wiederholungen
- Perfektionismus
- Gedankenwirbel

Gefühle
- Angst
- Furcht
- Feindseligkeit
- Hoffungslosigkeit
- Erregung
- Irritierbarkeit
- Realitätsverlust
- Nervosität

Beziehung
- Rückzug
- Misstrauen
- Nörgeln
- Kontaktverlust
- Isolation
- Intoleranz
- Bitterkeit
- Einsamkeit
- Kritiksucht

Reaktionen auf Stressoren

Körper
- Schweißausbruch
- Müdigkeit
- Muskelanspannung
- Ungeschicklichkeit
- Schmerzen im Brustkorb
- Herzrhythmusstörungen
- Herzrasen
- Zähneknirschen

Verhalten
- Heftigkeit
- Leistungsabfall
- Alkoholmissbrauch
- Verlegenheit
- Humorlosigkeit
- Unbeständigkeit
- Impulsivität
- Rücksichtslosigkeit

Krankheiten
- Rückenschmerzen
- Magenbeschwerden
- Hautprobleme
- Allergien
- Chronische Müdigkeit
- Hoher Blutdruck
- Kopfweh
- Darm-Geschwüre
- Allgemeine Verspannungen" [30]

Auch der spirituelle Bereich erlebt seine Einbußen. So können Signale wie Leere, Sinnlosigkeit, Verzweiflungsängste, Orientierungslosigkeit, abhanden gekommene Glaubensfähigkeit ein Hinweis darauf sein, dass die Balance zwischen Körper, Seele und Geist aus dem Gleichgewicht geraten ist. Auftauchende Schwierigkeiten, mit denen man nicht gerechnet hat, können manchmal ganz einfach auch die Folge von einem zu hohen Arbeitspensum oder einem ungelösten Problem in der Familie sein. Um aus dieser Spirale herauszukommen, sollten alle Signale des Körpers beachtet sowie alle Faktoren des Lebensstils von der Arbeit bis hin zur Freizeitgestaltung überprüft und gegebenenfalls verändert werden.

Gesundheit der Gefühle

Die Gesundheit der Gefühle führt zu einem stabilen Selbstwert. Alles beginnt bei meinem Selbstwert. Ist dieser intakt, ist eine Basis geschaffen für die mentale Gesundheit. Der eigene Selbstwert kann aufgebaut oder auch beschädigt, ja sogar zerstört werden. Infolgedessen ist es entscheidend, woher man seinen Selbstwert bezieht. Stabiler Selbstwert darf nicht von der Leistung abhängig gemacht werden. Was ist, wenn die Leistung nicht mehr erbracht werden kann? Menschen, die sich ihres Selbstwertes gewiss sind, müssen sich nicht ständig vergleichen. Gesundheit der Gefühle zu entwickeln ist ein Prozess und braucht Zeit. Ein erster Schritt dazu bedeutet zunächst, seine Einzigartigkeit anzunehmen und daraus positive Gefühle zu entwickeln. Die Entwicklung und Erhaltung eines stabilen Selbstwertes ist ein Teil des Prozesses und bedeutet:

- „Ich weiß, dass ich wertvoll bin.
- Ich kann zu meiner Art und Herkunft ja sagen.
- Ich bin einmalig.
- Ich kann meinen Wert akzeptieren, ohne mich mit anderen zu vergleichen.
- Ich setze mir realistische Ziele und akzeptiere meine Grenzen.
- Ich übernehme Verantwortung für meine Gefühle.

- Ich respektiere meine momentane Lebenssituation als Beitrag zu meiner Einzigartigkeit.
- Ich suche Unterstützung von anderen.
- Ich akzeptiere Kritik, ohne mich mit anderen zu vergleichen.
- Ich erhalte mir einen Sinn für Humor und kann auch mal über mich selbst lachen.
- Lachen, Freude, Weinen, Trauern usw. sind Bestandteil meiner Persönlichkeit.
- Ich stehe zu meinen Stärken und Schwächen.
- Der Sinn meines Lebens ist nicht abhängig von Leistung, Geld, Besitz, Macht, Erfolg oder Intelligenz.
- Mein Leben gestalte ich über einen Lebenssinn, woraus tiefe innere Werte resultieren.
- Die Schwächen meiner Persönlichkeit sind mir ein Ansporn zur positiven Veränderung.
- Ich lebe bewusst, nicht nur in guten Zeiten.
- Schwierige Zeiten will ich zur Persönlichkeitsentwicklung nutzen.
- Ich will meine Grenzen erweitern.
- Ich bekämpfe in mir das Selbstmitleid.
- Ich lebe mein Leben nicht fremdbestimmt.
- Ich lebe als Original und nicht als Kopie.
- Charakterethik ist mein Lebensprinzip.
- Ich freue mich über meine Stärken und lasse andere daran teilhaben.
- Ich nutze positive und negative Erfahrungen zu meiner Persönlichkeitsentwicklung.
- Schwierigkeiten in meinem Leben vernichten mein Leben nicht.
- Ich kann mich echt freuen.
- Ich habe ein gutes Verhältnis zu all dem, was lebensnotwendig ist, z.B. zu den Finanzen.
- Mein Selbstwert orientiert sich nicht an Äußerem, wie Macht, Geld, Erfolg, Besitz, sondern an inneren Werten.“ [31]

In Balance zu kommen und zu bleiben gelingt nicht immer. Und alle die oben genannten Bereiche perfekt zu leben wäre utopisch. Dennoch: Je mehr man einwilligt und eine Umsetzung der einzelnen Punkte in Betracht zieht und sich diese zu Eigen macht, desto mehr entfaltet sich die Persönlichkeit und das Selbstwertgefühl wird verstärkt, was sich wiederum positiv auf die eigene Vitalität auswirkt, egal in welchen Alter man auch ist.

Spirituelle Gesundheit

In seinem Buch„ Der sechste Kondratieff" beschreibt Leo A. Nefodow ausführlich die langen Wellen der Konjunktur und ihre Basisinnovationen, woraus ich einiges nur ganz kurz zusammenfasse.

„Gegen Ende des 18. Jahrhunderts wurde durch die Entdeckung der Dampfmaschine die Welt stark verändert. Von der Agrargesellschaft hin zur Industriegesellschaft. Es führte zu einer grundlegenden Neuerung. Durch Innovationen von Maschinen und Fabriken wurde es möglich, die täglichen Handarbeiten, Heimarbeit der Bekleidung, in die neu entstandenen Fabriken auszulagern, wodurch die vielseitige Bekleidungsindustrie und deren Fabriken ihren Sieg ankündigten, was zum Wachstum verschiedener Städte führte. Mitte des 19. Jahrhunderts lief der erste Kontrazyklus aus. Eine tiefe Rezession mit Massenarbeitslosigkeit und Massenarmut war die Folge. Die Fabriken waren klein und produzierten hauptsächlich nur für die örtliche Bevölkerung. Für eine Ausweitung der Produktion waren die Transportkosten zu hoch, die damaligen Feld- und Waldwege sowie die Pferdefuhrwerke erlaubten keine Ausdehnung der Produktion auf überregionale Märkte. Die Entdeckung der Stahlindustrie um 1850 brachte eine gewaltige Verbesserung der Produktivität durch die verschiedenen Transportmöglichkeiten, wie z.B. die der Eisenbahn. Anfang des 19. Jahrhunderts wurden die Elektrizität und die Chemie entdeckt und Mitte des 19. Jahrhunderts begann der Siegeszug der Automobilindustrie. In einem unerhörten Eilzugtempo entwickelte sich die Informationstechnologie um 1990. Während jeder Mensch von den Vorteilen dessen, was in der Vergangenheit entdeckt wurde, profitiert, schlug dies im Zuge des Wirtschaftswachstums den Menschen auf die Gesundheit.

Das Wirtschaftswachstum beeinflusste alle Bereiche unserer Gesellschaft sowie die des einzelnen Menschen. Der Mensch ist mit all seinen vielen Möglichkeiten an seine eigenen Grenzen gestoßen und ist dadurch krank geworden. Eine riesige Kostenexplosion entstand. Kündigt sich da nicht ein neues Umdenken im 21. Jahrhundert an? "[32]

„Die Wirtschaft hofft und glaubt trotz Rezession an die Gewinnoptimierung. Sportler glauben, dass sie ihr Ziel erreichen. Personalberater animieren ihre Mitarbeiter dazu an sich zu glauben."[33] Viele glauben an materielle Gegenstände wie Steine, Statuen usw. Glauben ist nichts Ungewöhnliches. Ein alter Missionar, der sehr viele Jahre in Afrika verbracht hatte, sagte, nach all den vielen Beobachtungen, die er bisher gemacht hatte, sei ihm klar, dass alle Menschen etwas gemeinsam haben. Egal welcher Religion man auch angehöre, ob man in einer Kirche ist oder nicht, wenn Menschen in Not sind, hebt jeder – sei es bewusst oder unbewusst – immer wieder den Kopf nach oben Richtung Himmel. Wächst die Gefahr, wächst auch die Hoffnung auf den Rettenden. Hoffnung auf Rettung setzt Glauben voraus. Weder in der Vergangenheit noch in der Zukunft steht der Glaube im Widerspruch zur Gegenwart. Dies zeichnet sich in allen Religionsgemeinschaften ab. Das zunehmende Interesse an Seminarmöglichkeiten zum Thema der Spiritualität zeigt auf, dass ein wachsendes Verlangen nach mehr Stabilität und eigener persönlicher Kompetenz besteht. Die Sehnsucht nach der immateriellen, transzendenten Wirklichkeit, die in einer Wechselwirkung mit dem Diesseitigen steht, steht hoch im Kurs. Spiritualität verkörpert innere Werte und ist entscheidend bei der Sinnvermittlung. Spirituelle Vitalität hat weit mehr als nur mit einem momentanen Gefühl zu tun. Es vermittelt ein tiefes Vertrauen, das trotz Schwierigkeiten, die das Leben mit sich bringt, verbindlich ist.

> **Vertrauen, Freundlichkeit, Freundschaft, Liebe, Dankbarkeit resultieren daraus. Sinn im Leben hat etwas mit Selbstmotivation zu tun, damit verpflichtet und angenommen zu sein, was Freude, Kreativität, Erfüllung und einen guten Umgang mit der eigenen Vitalität zur Folge hat.**

„Vertrauen heißt dessen gewiss zu sein, was wir erhoffen, jener Dinge sicher zu sein, die wir nicht sehen."[34] Die Grundpfeiler für eine stabile und gesunde Persönlichkeit sind angelegt auf die Gewissheit, dass wir anerkannt und angenommen sind, Der Mensch ist in allen Bereichen des Daseins auf der Ebene der Beziehung geschaffen. Aus diesen Beziehungen folgen Lebensqualität, Freude und Entspannung. Trotz all dem Guten, was in den westlichen Ländern erwirtschaftet wurde, leiden immer mehr Menschen unter Leistungsdruck und Stress. Stress kann über Ausdauersport, Entspannungstraining und optimale Ernährung gut bewältigt werden. Aber dies kann nur helfen, den Stress vom Körper fernzuhalten. Die Ursachen sind damit nicht beseitigt. Eine weitere, ganz andere Möglichkeit ist die Entwicklung der eigenen Persönlichkeit. Es gilt, eine andere Blickrichtung einzuüben, die beinhaltet:

- Die Bindung an ein bestimmtes Ziel
- Die Kontrolle, dass ich zu einem Ziel unterwegs bin
- Die vielfältigen Herausforderungen des Lebens anzunehmen

Wer alles hat oder haben kann und sich deswegen nicht mehr anstrengen muss, der leidet auch unter Stress. Wir sind darauf angelegt, dass Körper, Seele und Geist für bestimmte Situationen und deren Bewältigung in Alarmbereitschaft versetzt werden, um anschließend nach Lösung der Probleme wieder zu entspannen. Wir können dem Stress nicht entgehen. Er ist nötig, um unser Leben zu bewältigen und stabil zu halten und ist deshalb nicht von vornherein negativ. Bei lang sitzender Tätigkeit und un-unterbrochener Anspannung ist jedoch besondere Beachtung nötig. Die ausgeschütteten Stresshormone bauen sich schneller bei körperlicher Bewegung ab. Fehlt diese, bzw. werden mehr Stresshormone ausgeschüttet als abgebaut, wird es gefährlich, weil wir dann unter Einwirkung dieser Stresshormone und deren vermehrten freien Radikalen stehen. Hier kann man im wahrsten Sinne des Wortes „den Bogen überspannen". Werden die Alarm-signale des Körpers nicht wahrgenommen, leidet dieser unter einer Überdosis an Stresshormonen. Für eine Gesundung von Körper, Seele und Geist gibt es demnach nur eine Antwort, und die lautet: Neuorientierung.

Schon der bekannte Schriftsteller und Philosoph François Voltaire soll gesagt haben: „Das Universum bringt mich in Verwirrung. Ich kann nicht verstehen, wie ein solches Uhrwerk bestehen kann ohne seinen Uhrmacher."

Als unsere Kinder noch klein waren, war ich oft alleine zu den Vorträgen unterwegs, während mein Mann sich um unsere Kinder kümmerte. Damals gab es noch keine Navigationsgeräte und so war es fast jedes Mal „abenteuerlich" bis ich endlich die verschiedenen Orte, an denen die Vorträge stattfanden, gefunden habe. Die erhöhte Nervosität, die ich vor jedem Vortrag habe, führte dazu, dass ich oft in der Nähe war und doch noch einige Male ums Gebäude fuhr bis ich endlich den Eingang entdeckte. Ähnlich verhält es sich mit unserem Leben. Wenn die Frage nach dem eigentlichen Sinn des Lebens nicht geklärt ist, kann man alle Gesundheitstipps im Leben einhalten und ist doch nicht vital genug. Weiß man nicht, wohin der Weg des Lebens führt, lebt man unter Stress und büßt eine Menge an Lebensqualität ein. Um das Optimum an eigener Vitalität zu erreichen, muss die Antwort auf die Frage nach dem Sinn des Lebens beantwortet werden. Es ist gut, wenn man sich die Fragen stellt

- Woher komme ich?
- Wozu lebe ich?
- Wohin gehe ich?

Die alljährlichen Feierlichkeiten wie z.B. die an Weihnachten und Ostern erinnern mich nicht nur an Geschenke und all das was rundherum für ein Aufwand betrieben wird. Mich beschäftigen die Worte „Kommt alle her zu mir, die ihr euch abmüht und unter eurer Last leidet! Ich will euch Frieden geben."[35] Ein Zuspruch, worin sich eine bedingungslose Liebe verbirgt, die mich annimmt trotz Fehler und Schwächen. Diese göttliche Zusage übersteigt jegliche menschliche Wertschätzung, denn sie beantwortet mir die Frage nach dem Sinn des Lebens.

Der Inhalt des christlichen Glaubens beruht auf dem Alten und Neuen Testament, der im Glaubensbekenntnis zusammengefasst ist. Es bezeugt, dass Gott nicht einfach eine transzendente Wirklichkeit ist, sondern sich in der Schöpfung, der Menschwerdung Gottes und dem Kreuze offenbarte. Der christliche Glaube entwertet nicht, im Gegenteil er wertet das Leben auf. Denn er beruht auf der Verheißung dessen, der von sich sagt: „Ich bin die Auferstehung und das Leben. Wer an mich glaubt, wird leben, auch wenn er stirbt."[36]

Eine Hoffnung, die gewährleistet ist, die über das Sterben hinausgeht, auch dann, wenn die Not das Leben überschattet. Gerade in unserer Zeit bietet der persönliche Glaube an Christus einen Halt, wo Haltlosigkeit herrscht. Dieses Vertrauen hat bei weitem nichts zu tun mit dem Einhalten von Geboten und Verboten. Vielmehr bezieht sich ein tief verwurzelter Glaube auf eine Person, die nicht gebunden ist an eine Institution, was sich durch eine dankbare Haltung darüber äußert, dass das Leben ein Geschenk ist.

Sowohl im sozialen wie auch im spirituellen Bereich stehen sich verschiedenste Ansichten jeweils gegenüber. Sie geben uns die Möglichkeit, uns entweder für das Positive oder für das Negative zu entscheiden. Welche Entscheidung auch immer getroffen wird hat Einfluss auf die Lebensqualität und die Vitalität des gesamten Lebens. Der Motor für eine jeweilige Handlung ist immer die Reaktion auf das, was man erlebt, gehört, gesprochen und gesehen hat. Die Sinne und Gedanken, die unser Leben bestimmen, haben Auswirkung auf unser Handeln. So haben wir die freie Wahl ob wir

- Gerechtigkeit oder Wut und Ärger
- Frieden oder Streit und Krieg
- Vergebung oder Nachtragen
- Hoffnung oder Verzweiflung
- Glaube oder Unglaube
- Liebe oder Hass
- Ehrlichkeit oder Lüge
- Dankbarkeit oder Undankbarkeit usw. zulassen.

Im Verhältnis ist das Leben viel zu kurz, um sich bei all den vielen Enttäuschungen, die das Leben mit sich bringt, aufzuhalten. Vielmehr kann die Dankbarkeit neue Lebenskraft und Dynamik vermitteln.

„Dankbarkeit macht das Leben schöner
- Sie brauchen niemanden zu übertrumpfen.
- Sie sehen das Positive.
- Sie finden in allem etwas Gutes.
- Sie meiden Neid.
- Sie haben die Kraft Ihr Leben nach Ihren Vorstellungen zu gestalten."[37]

Es gibt viele Gründe, wofür man dankbar sein kann, sei es für die Familie, die Gesundheit, die Erlebnisse und Erfahrungen, die man tagtäglich sammelt, für den Augenblick, den Sie gerade jetzt erleben. Es gäbe vieles aufzuzählen, deshalb ermutige ich Sie: Nehmen Sie ein Blatt und einen Bleistift zur Hand und schreiben Sie auf, was Ihnen in den Sinn kommt, wofür Sie danken können. Dankbarkeit hat Anziehungskraft. Andere Menschen werden aufmerksam darauf werden. Dankbarkeit beschenkt das Leben mit neuer Kraft und Motivation. Sie können ein Stück Ihr Leben „in die Hände nehmen" und es gestalten, sei dies zum Negativen oder zum Positiven. In einem Magazin von „the art of growing young" schreibt der Verfasser eines Artikels „Je bewusster Sie dankbar sind, umso eher öffnen Sie die Türen für das Gute. Wenn Sie mit sich, mit Ihrem Leben und Ihrer Umgebung im Einklang sind, empfinden Sie Dankbarkeit. Genauso wollen Sie leben. In dieser Stimmung ziehen Sie positive Menschen und Erlebnisse an."[38]

Positive Auswirkungen durch Gesundheitstraining

Körperliches Training hat zahlreiche positive Auswirkungen. Es dient vor allem im präventiven, vorbeugenden Sinn der Gesunderhaltung.
In der Rehabilitationsphase, das heißt nach einer Krankheit oder einem Unfall, wird der Heilungsprozess beschleunigt.

„Positive Auswirkungen auf das Wohlbefinden durch ein körperliches Gesundheitstraining sind beispielsweise:
- Herz-Kreislauferkrankungen werden reguliert.
- Verbesserung der Lungenkapazität, Kräftigung des Herzens, Normalisierung der Blutfette, und damit nimmt die Gefahr der Arterienverkalkung ab.
- Normalisierter Blutdruck.
- Erhöhung der Gesamtblutmenge.
- Linderung von Schmerzen, Verspannungen und Rückenleiden.
- Positiver Einfluss auf chronische Lungenkrankheiten wie Bronchialasthma.
- Vorbeugung gegen Diabetes.
- Bessere Verdauung und seltener Verstopfung, ein realistischer Weg zum Abnehmen und zur Gewichtskontrolle.
- Rückgang von Allergien.
- Einschränkung von Entzündungen aller Art, dadurch dass sich die körpereigenen Abwehrkräfte erhöhen.
- Durch die Erhöhung der Knochendichte bleiben Knochen im Alter kräftiger und stabiler.
- Die Körpertemperaturregulation normalisiert sich.
- Das „schlechte" Cholesterin LDL wird gesenkt, und das „gute" Cholesterin HDL wird erhöht.
- Gute Regenerationsfähigkeit."[39]

Weitere Auswirkungen des Gesundheitstrainings sind:

- „Mehr Energie in längeren Zeitabschnitten des Tages
- Verbessertes Wohlbefinden
- Bessere Leistungsfähigkeit
- Besserer Schlaf
- Bessere Entspannungsfähigkeit und weniger Anspannungen
- Weniger Ängste
- Weniger Depressionen
- Verlangsamung des Alterungsprozesses
- Befreiung von Stress am Ende eines anstrengenden Tages, ohne zu Alkohol oder zu Medikamenten Zuflucht nehmen zu müssen
- Entspannteres Erscheinungsbild (Haltung), besserer Muskeltonus
- Besserer Hautzustand
- Leichtere Schwangerschaft und Geburt
- Durch ein besseres Koordinationsvermögen können Unfälle vermindert werden, da das Reaktions- und Konzentrationsvermögen erheblich ansteigt
- Größeres Selbstvertrauen
- Positive Einstellung zum Leben und zur Gesundheit"[40]

Letztlich führen all die oben erwähnten Dinge zur Kostensenkung im Gesundheitswesen. Es lohnt sich in jeder Hinsicht, Zeit in die eigene Gesundheit zu investieren.

Burn-out und seine Folgen

Dauerstress, die Phasen des Burn-outs

Jede Dauerbelastung löst ganz nach Intensität und Umfang körperlich, seelisch und psychisch Stress aus. Es werden Stresshormone ausgeschüttet, die zu Müdigkeit, Unlust, Frust und Depression führen.

Stress ist jedoch nicht nur negativ, lebensbedrohend und krank machend. Es gibt auch den positiven Stress, der herausfordernd ist und helfen kann, verschiedene Lebenssituationen besser zu bewältigen.
So kann beispielsweise Freude am Beruf, Erfolg im Sport oder ein bestimmtes fröhliches Ereignis wie eine Hochzeit die Lebensqualität um ein Mehrfaches steigern. Die Ausschüttung positiver Stresshormone ist dafür verantwortlich.

Es gibt jedoch verschiedene Formen von Stress, die negativ sind und bei uns heute zur Tagesordnung gehören. Man spricht von Arbeitsstress, Leistungsstress, Schulstress und Konfliktstress. Ein Erfolg muss oft hart erkämpft werden und der Konflikt einer Kraft- und Zeiteinteilung zwischen Familie und Beruf nimmt laufend zu. Zudem leben wir in einer Welt zunehmender Arbeitslosigkeit und Naturkatastrophen. Seit dem 11. September 2001 müssen wir uns noch öfter mit Krieg und Terror auseinandersetzen. Krieg kann jedoch auch die Nachbarschaft, Vereine oder Gemeinden betreffen. Konfliktsituationen in Familien steigen deutlich an. Kein Wunder, dass es immer mehr erschöpfte Mitmenschen mit den dazu gehörenden Begleiterscheinungen gibt.

Das Burn-out-Syndrom ist ein schweres Krankheitsbild. Der Begriff kommt aus dem Amerikanischen und bedeutet ausgebrannt sein. Das heißt: Es geht gar nichts mehr, weil ein ständiger Druck immer stärker wird.

Unter anderem sind Menschen, die dazu tendieren, zu vieles gleich und sofort erreichen zu wollen, mehr gefährdet als andere. Früher betraf Burn-out oft Lehrer, Menschen in sozialen Berufen wie Krankenschwestern, Ärzte oder Menschen, die einen engen Kontakt zu einem großen Kundenkreis pflegten.

Heute betrifft es jedoch fast jeden, auch viele Frauen in der Doppelbelastung Beruf und Familienfrau oder allein erziehende Mütter.

Ein Burn-out verläuft häufig in verschiedenen Phasen und beginnt ganz harmlos. Man spürt oder realisiert es anfänglich kaum. Hält jedoch ein erhöhter Stress über längere Zeit an und weder das Umfeld noch die Person selbst verändert wichtige Abläufe im Leben, so kann es zu schweren körperlichen und seelischen Störungen kommen.

Am Anfang steht die Begeisterung

Man investiert, ist begeistert und steckt voller Tatendrang. Man ist sogar in der Gefahr zu übertreiben und es kann so weit kommen, dass eigene Interessen auf Grund einer wichtigen Tätigkeit zurückgesteckt werden, um ein bestimmtes Projekt, sei dies im Beruf oder auch in der Freizeit, voranzutreiben.

Phase 1: Müdigkeit und Lustlosigkeit

Man weiß aus der Trainingslehre, wer sehr intensiv eine Bewegungseinheit beginnt, ist bald übersäuert. Das bedeutet, man ist müde und es zeigen sich Spuren von Unlust und Frust. Für diese Anzeichen ist die Ausschüttung des Hormons Noradrenalin verantwortlich.

Phase 2: Stagnation

Man spürt plötzlich, dass man irgendwie auf der Strecke bleibt, und fühlt sich wie festgefahren. Man beginnt sich zurückzuziehen und meidet Kontakte. Immer stärker entwickeln sich das Unwohlsein und die Ungeduld. Unglaube, Leere und intolerantes Verhalten usw. können sich belastend auswirken.

Phase 3 des Burn-out

Schließlich kommt es zu einem chronischen Müdigkeits- und Erschöpfungszustand mit schwerem belastenden Krankheitsgefühl. Nicht nur die grenzenlose Müdigkeit macht einem zu schaffen, hinzu kommen noch Schlafstörungen. Man will am Morgen am liebsten nicht mehr aufstehen, es schleicht sich sogar eine Gleichgültigkeit ein bis hin zu schweren Depressionen, wodurch sich auch die Gefahr von Selbstmord erhöht.

Phase 4 des Burn-out

Weiter kann es zu körperlichen Störungen wie Herzbeschwerden bis zum Herzinfarkt oder schweren Verdauungsproblemen und Verspannungen kommen. Das Immunsystem wird stark geschwächt und die körpereigenen Abwehrkräfte nehmen ab. Die Anfälligkeit für verschiedene Krankheiten steigt an.

Ein Burn-out zu erkennen ist recht schwierig, da wir Menschen alle verschieden sind und der Verlauf der Krankheit bei jedem anders ist, jedoch zeichnet sich jeweils ein ähnliches Bild ab.

Das Chronic Fatigue Syndrome (CFS)

ist noch schwieriger zu definieren, da die vier beschriebenen Phasen nicht bemerkt und auch nicht erkannt werden. Das CFS beginnt von einer Minute auf die andere. Es beginnt sozusagen direkt mit der dritten Phase des Burn-out und wird von starken körperlichen Schmerzen begleitet, was auf eine Übersäuerung zurückzuführen ist. Zunächst denkt man vielleicht an einen momentanen Müdigkeitseinbruch. Wenn dieser jedoch länger als ein halbes Jahr andauert, können erste Rückschlüsse gezogen werden. Das CFS ist von der Weltgesundheitsorganisation WHO erst seit 1980 anerkannt und sehr schwer zu definieren. Leider spricht man dieser Krankheit wenig Heilungschancen zu. Jedoch kann ich aus meiner eigenen Erfahrung sagen, dass es einen Ausweg aus CFS und Burn-out gibt!

Die Ursachen beider Symptome, ob Burn-out oder CFS, gehen auf eine ständige Überforderung zurück. Zu erwähnen ist, dass die Ursache einer Erschöpfung auch durch Krankheit, Unfall, schwere Schicksalsschläge, etc. ausgelöst werden kann. Oft kann eine betroffene Person nichts dafür, dass ein Erschöpfungszustand entstanden ist. Es sollten jedoch alle Möglichkeiten genützt werden, um aus dieser Spirale herauszukommen, damit der Weg zurück zu der verloren gegangen Vitalität wieder gefunden werden kann.

Auswege aus Burn-out und CFS

Zunächst steht einmal das Bejahen der eigenen Situation im Vordergrund. Dann müssen die drei Lifestylesäulen Bewegung, Ernährung und Entspannung im eigenen Leben ganz gezielt umgesetzt werden. Es ist unmöglich, alle Empfehlungen auf einmal zu beherzigen. Jedoch begannen alle Ziele, die bisher auf dieser Welt erreicht wurden, mit einem ersten Schritt. Im Spruch „Nimm dir Zeit und nicht das Leben" steckt sehr viel Wahrheit. Versuchen Sie immer mal wieder ganz bewusst den Augenblick zu genießen. Wird der Augenblick bewusst erlebt, so lebt man tatsächlich in der Gegenwart, was zu einem erheblichen Stück an Entspannung beiträgt.

Das "Wellnesshotel" zu Hause

- Lernen Sie die Kunst, kleine Schritte zu tun, und versuchen Sie einige Dinge, die Ihnen am angenehmsten erscheinen, regelmäßig durchzuführen.
- Sich selbst verändern wollen, nicht nur möchten.
- Wichtig: Keine zu hohen Ziele stecken.
- Lernen Sie Nein zu sagen, ohne ein schlechtes Gewissen zu haben.
- Wagen Sie eine neue Herausforderung. Lernen Sie z.B. eine neue Sprache oder besuchen Sie einen Bastel- oder Kochkurs etc. Auch die Ausbildung zum Vital-Trainer kann in Erwägung gezogen werden. Dieser Vorschlag wird dadurch bestätigt, dass bis jetzt schon etliche Personen trotz CFS die Schule besucht haben. Erstaunlicherweise haben alle sehr positive Veränderungen an sich selbst erlebt.
- Setzen Sie sich nicht unter einen eigenen Leistungsdruck, sondern gehen Sie die Ziele langfristig an und lassen Sie sich Zeit.
- Führen Sie ein Wellness-Programm zu Hause durch, z.B. gehören verschiedene Dehn- und Kräftigungsübungen in den Alltag und sind ohne großen Zeitaufwand möglich. Achten Sie besonders auf die Kräftigung der Beckenbodenmuskulatur.
- Regelmäßige Entspannungsbäder: Heublumenextrakte wirken besonders beruhigend.
- Außerdem kann ein Bad bei Kerzenschein und beruhigender Musik sowie mit verschiedenen Düften im Bad

Wunder wirken. Rosenblätter, die man ins Bad streut, können zu Hause genauso verwendet werden wie in einem Wellnesshotel.

- Genießen Sie ganz bewusst Ihre Lieblingsmusik. Vor allem verschiedene Balladen oder klassische Musik haben eine beruhigende und entspannende Wirkung. Als der Schöpfer die Musik schuf, verlieh er ihr die Fähigkeit, direkt in die Tiefe unserer Seele vorzudringen.

- Singen erhöht nicht nur die Durchblutung verschiedener Organe, damit diese besser arbeiten. Singen löst auch Verspannungen und kann dazu beitragen, Dinge in einem anderen Licht und aus einer anderen Perspektive zu sehen. Deshalb singen Sie viel. Sie können auch in Ihrem Freundeskreis ohne viel Aufwand, außer dem Kauf einiger Gesangbücher, mit oder ohne Instrument verschiedene Gesangsabende veranstalten. Man muss dabei nicht einmal gut singen können, Hauptsache ist, man kommt zum fröhlichen Singen zusammen. Volkslieder und auch Kirchenlieder gaben schon vielen Menschen wieder Mut und neue Freude. Vielleicht hilft es Ihnen, wenn Sie sich einem Gesangsverein anschließen.

- Besuchen Sie regelmäßig ein Konzert oder gehen Sie ins Theater.

- Wer hat Sie im Griff? Bei zu viel Fernsehkonsum könnte man zielorientiert das Fernsehprogramm studieren und alles, was man anschauen will, inkl. der Nachrichten, mit einem Rotstift markieren. Man lege die Zeitung neben den Fernseher, somit kann man jederzeit nachlesen was man eigentlich sehen will. Man kann dann gezielt und mit Genuss fernsehen und diesen Konsum ein Stück weit in den Griff bekommen.

- Wer Schlafprobleme hat, sollte auf einen regelmäßigen Schlafrhythmus achten und möglichst immer zur gleichen Zeit ins Bett gehen und aufstehen, auch an den Wochenenden. Viele Menschen benötigen einen Mittagschlaf. Mit zunehmendem Älterwerden kann dies zu einem regelmäßigen Bedürfnis werden. Wehren Sie sich nicht dagegen,

Singen löst auch Verspannungen und kann dazu beitragen, Dinge in einem anderen Licht und aus einer anderen Perspektive zu sehen.

sondern genießen Sie ihn. Sie fühlen sich danach wieder besser und sind fitter.

- Achten Sie auf ein gut gelüftetes Schlafzimmer.
- Vermeiden Sie am Abend alles, was Ihren Adrenalinspiegel ansteigen lässt, wie z.B. aufregende Bücher oder Filme oder langes Sitzen vor dem Computer.
- Falls Sie mit störenden Geräuschen zu tun haben, gewöhnen Sie sich an Ohrstöpsel. Alkohol ist kein Schlafmittel. Wenn Sie z.B. mehr als ein Glas Wein zum Essen trinken, können Sie zwar gut einschlafen, aber es kann zu Schlafstörungen kommen. Geraten Sie nicht in Panik, wenn Sie unter Schlafstörungen leiden. Schauen Sie nicht ständig auf die Uhr, um festzustellen, wie spät es ist, und rechnen Sie nicht aus, wie viele Stunden Sie noch schlafen sollten. Bewahren Sie einen kühlen Kopf und denken Sie daran, dass allein schon die Bettruhe einen großen Teil dazu beiträgt, sich auszuruhen und zu entspannen.
- Vielleicht sind es jedoch Probleme, die Ihre Seele belasten. Dann ermutige ich Sie, psychologische Hilfe in Anspruch zu nehmen.

Bedingt durch das CFS hatte ich viele Jahre Schlafstörungen und mein Problem verstärkte sich noch, als wir in die Nähe einer Bahnlinie zogen. Mit dem Durchschlafen war es nun ganz vorbei! Durch den immer wiederkehrenden Lärm wurde ich immer unruhiger. Zudem raubte mir mein damaliges häufiges Schlafwandeln, das vor allem in Zeiten während hoher Stressbelastungen auftauchte, zusätzliche Kraft. Oft sprach mich mein Mann an, wenn ich herumlief, und bat mich, zurück ins Bett zu kommen. Wenn ich dabei erwachte, hatte ich einen Schock und konnte vor Angst nicht mehr einschlafen. Mein Herz raste wie wild. Immer öfter bekam ich es mit der Angst zu tun. Da ich viel unterwegs war und in Hotels übernachten musste, reservierte ich stets ein Zimmer in der unteren Etage, denn ich war mir meines Lebens nicht mehr sicher. So konnte es nicht mehr weitergehen und vieles, was in diesem Buch beschrieben ist, half mir, aus diesem Stresskreislauf herauszukommen.

Wenn auch diese Zeit nicht einfach war, so bin ich trotzdem sehr dankbar dafür. Ich könnte sonst die Menschen, die in meine Seminare kommen, nicht verstehen und sie nicht zu den kleinen Schritten hinführen, die ihr Leben qualitätsvoller und vitaler machen.

Ich habe gelernt, mein Leben als ein Geschenk zu betrachten und es auch als solches zu behandeln. Eine Lebensführung, die über- oder unterfordert, bedeutet nicht nur eine Abnahme der Organleistungsfähigkeit, sie wirkt sich auch negativ auf Geist und Seele aus.

Achten Sie auf eine gesunde, ausgewogene Ernährung. Zusätzliche Ernährungsergänzungen, wie z.B. Life Plus erhöhen die Antioxidantien und beschleunigen die Ausscheidung der freien Radikale. Das heißt, was dem Körper schadet, wird schneller aus dem Körper abtransportiert.

Der „tägliche Urlaub", die Essenszeit, ist eine weitere Erholungsmöglichkeit. Achten Sie auf einen schön gedeckten Tisch. Falls Sie kleine Kinder haben, decken Sie den Tisch bereits am Abend, wenn die Kinder im Bett sind. Sie werden sehen, wie wunderbar es ist, an einem liebevoll gedeckten Frühstückstisch zu sitzen.

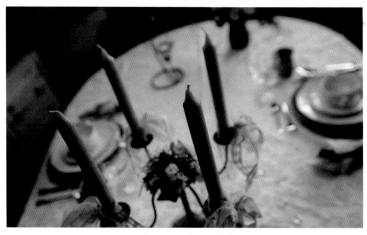

Eine entspannte Atmosphäre während des Essens trägt zu einer besseren Aufnahmebereitschaft bei. Anstehende Dinge werden in einem lockeren und schönen Rahmen besser und leichter besprochen, während der eigene Hunger gestillt wird. Essen hat etwas mit Kultur zu tun und dazu braucht es Zeit. Im Gegensatz zu heute wo für viele die Mahlzeit zum kurzen Stehimbiss geworden ist.

Lebensqualität kann gestaltet werden. Oftmals sind es kleine Veränderungen, die die eigenen vier Wände zur Wohlfühloase machen. Ein Kerzenständer, ein Stofftischtuch usw. bewirken schon viel. Außerdem bietet uns die Natur eine große Fülle von Möglichkeiten, unser Heim zu verschönern. Haben Sie den Mut, sich selbst und anderen eine Freude zu machen, nicht nur bei Geburtstagen oder wenn Gäste da sind. Sie werden sehen, wie sich bereits kleine Schritte positiv auf Ihr Wohlbefinden auswirken. Wenn Sie den Eindruck haben, Sie hätten keine so besonders „kreative Ader", möchte ich Sie ermutigen, z.B. einen Bastel-, Blumensteck- oder Nähkurs zu besuchen. Sie werden entdecken, dass mehr in Ihnen steckt als Sie meinen.

- Ich empfehle, ab und zu auch mal essen zu gehen. Dabei spielt der Rahmen eine wichtige Rolle. Lieber einmal weniger ausgehen, dafür in einem schönen und gediegenen Rahmen.
- Wenn Sie am Morgen erwachen, achten Sie darauf, sich nicht bis zur letzten Minute im Bett hin und her zu wälzen. Sobald der Wecker sein Zeichen gibt, fangen Sie an sich zu strecken und zu recken. Genießen Sie das Aufstehen.
- Bereits im Bett können morgendliche Übungen durchgeführt werden. Siehe im Anhang des Buches.
- Das Wachwerden kann nach einer warmen Dusche gemäß Pfarrer Kneipp durch kalte Güsse beschleunigt werden. Zunächst kommen die Fußsohlen dran, wobei man immer rechts beginnt, bevor man die linke Seite abduscht. Dies ist besser für den Körperkreislauf. Danach das rechte, dann das linke Bein, dann die Arme. Wenn Sie es mögen, können Sie zuletzt den ganzen Körper kalt abduschen. Optimal wäre es, einen Duschkopf zu besorgen, den Sie drehen können, so dass das Wasser wie aus einem Gartenschlauch herausschießt.
- Nach dem Duschen können Sie Ihr Wohlbefinden noch

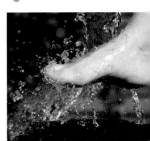

steigern, indem Sie mit dem Frottiertuch vor allem die Zehenzwischenräume gut abreiben. Dies fördert nicht nur die Durchblutung, sondern schützt gleichzeitig vor Pilzinfektionen.

- Besonders an wärmeren und heißen Tagen können kalte Fuß- oder Armbäder (dabei taucht man die Arme bis zu den Ellbogen kurze Zeit ins kalte Wasser) neue Frische in den Alltag bringen.
- Wenn möglich, gehen Sie zu Fuß, was das allgemeine Wohlbefinden fördert. Stellen Sie Ihr Auto beim Einkaufen ein Stück entfernt ab. Erstens ersparen Sie sich damit den Ärger, keinen Parkplatz zu finden und zweitens erhöht sich die Kilometerzahl Ihrer Fußmärsche. Rechnen wir mal aus: Wenn Sie zweimal in der Woche vier Minuten mehr gehen, haben Sie in zwei Wochen bereits 16 und in drei Wochen 24 Minuten mehr Gehzeit. Auf den Monat und auf das Jahr gesehen steigert sich so Ihre Bewegungstätigkeit enorm.
- Bewegung beginnt im Kopf und nicht in den Beinen. Bringen Sie Ihre Gehirnzellen in Aktivität. Wenn Sie eine Rolltreppe oder einen Lift erblicken, benutzen Sie sie nicht, sondern gehen Sie die Treppen hoch. Dies wirkt sich positiv auf Ihre Gesäß-, Beckenboden- und Bauchmuskulatur aus.
- Führen Sie die Progressive Muskelentspannung durch. Die CD „Entspannung für jeden Tag" kann Ihnen dabei helfen und ist im Gerth Medien Verlag erhältlich.
- Gehen Sie schwimmen oder besuchen Sie eine Sauna.

Nehmen Sie sich Zeit und betreiben Sie regelmäßig, mäßig und vielseitig Sport. Ich empfehle Ihnen auch Sportarten auszuprobieren, die Sie vielleicht nicht so beherrschen. Besuchen Sie z.B. einen Tanz-Kurs oder, wer es noch nie versucht hat, einen Nordic Walking Kurs, usw.

Letztlich stellt sich immer die Frage: will ich oder möchte ich? Versuchen Sie vom Blickwinkel des Zieles zu leben. Stellen Sie sich gedanklich ins Ziel und stellen Sie sich vor, was Sie erreichen wollen. Bleiben Sie also nicht in den Startlöchern hängen und denken Sie nicht nur an die Schwierigkeiten, die vor Ihnen liegen, wenn sie auf dem Weg zum Ziel sind. Überwinden Sie sich und gehen Sie einfach mal los, aber nicht wie ein 100 m-Läufer, der innerhalb weniger Sekunden im Ziel ist, denn das ist viel zu schnell. Versuchen Sie ihr eigenes Tempo zu laufen und lassen Sie es zu, dass Sie auch mal überholt werden. Das ist nicht schlimm. Denken Sie daran, Sie sind auf dem Weg zu Ihrer eigenen Vitalität. Lassen Sie sich nicht abhalten von Umständen, Schwierigkeiten, die Ihnen bei diesem Lauf begegnen werden. Sie werden es schaffen, wenn Sie kontinuierlich Ihr eigenes Tempo laufen und nicht versuchen, einem Schrittmacher, der Ihnen davonrennt, hinterher zu jagen. Mit Ihrer Einzigartigkeit werden Sie das Ziel erreichen. Halten Sie Schritt mit sich selbst.

Die Sportart des Joggelens kann Ihnen helfen das besser zu praktizieren. Versuchen Sie einmal das Joggelen, nicht zu verwechseln mit Joggen. Dies ist eine Art des Dauerlaufes, die mit ganz kleinen, lockeren Schritten durchgeführt wird. Siehe im Teil „So werden sie rundum vital" des Buches. Jemand hat einmal gesagt: Wer joggelet kann gleich aufhören mit dem „albernen" Training, denn so käme man nicht vorwärts. Diese Person hat anscheinend nicht begriffen, dass viele kleine Schritte zum Ziel führen, auch wenn das Tempo gedrosselt ist. Übrigens, Joggelen ob gehend oder leicht trabend löst Verspannungen im Hals-Nackenbereich mehr und effizienter als Nordic Walking. Zudem ist es ein äußerst optimales Training im Bereich der Fettverbrennung. Das Training mit einer optimalen Sauerstoffzufuhr führt zu mehr Energie, was sich wiederum auf die Entspannungsfähigkeit auswirkt. Sämtliche Teilnehmer unserer Seminare sind begeistert von der Art und Weise wie man durch diese einfache Trainingsart zu mehr Vitalität gelangt.

Mit Ihrer Einzigartigkeit werden Sie das Ziel erreichen. Halten Sie Schritt mit sich selbst.

Dieses „ich will", kann wirklich etwas verändern, wenn es auch mit ganz kleinen Schritten vorwärts geht. Es kommt etwas in Bewegung was andere manchmal auch ins Staunen versetzt. Jahrelang meinte mein Mann, das Tanzen liege ihm gar nicht. Erstens habe er kein Taktgefühl und zweitens sei sein Koordinationsvermögen etwas eingeschränkt, also sei er nicht dafür geschaffen. Solche Argumente sind keine Seltenheit. Doch Ergebnisse der Hirnforschung ergaben, dass Musik und Bewegung das

Lern-, Reaktions- und Koordinationsvermögen positiv beeinflussen. Denkt man daran, dass gerade diese wichtigen Fähigkeiten so lange wie möglich bis ins hohe Alter erhalten bleiben sollten, so gehört Tanzen erst recht in die vorbeugende Therapie. Wir sind über dreißig Jahre verheiratet und immer wieder versuchte ich meinem Mann Mut zu machen einen Tanzkurs zu besuchen. Es brauchte fast 30 Jahre bis sich die Meinung meines Mannes geändert hatte. Der Grund dafür, warum wir heute regelmäßig im Wohnzimmer zusammen üben, liegt in der großen Geduld einer hervorragenden Tanzlehrerin, die das Verständnis für Schwächere aufbringen kann. Leider muss man oftmals weit gehen bis man verständnisvolle Trainer findet, die auf das Bedürfnis des Einzelnen eingehen können. Es ist keine Tragödie, wenn jemand mehrmals einen Einsteigerkurs besucht. Jedoch ist es eine wahre Katastrophe wenn man einen ungeduldigen Tanzlehrer erwischt, der einem das Gefühl vermittelt, alle lernen zur selben Zeit das Gleiche. Egal welche Sportart auch immer, es braucht im verstärkten Maß mehr verständnisvolle Trainer, die auf den einzelnen Teilnehmer eingehen können. Zu meinem Erstaunen veranstalten wir heute mit Freuden verschiedene Tanz-Seminare. Dabei erleben wir immer wieder wie Teilnehmer, die von einem Partner eher dazu „hingezogen" werden und anfänglich etwas skeptisch sind, plötzlich entdecken, dass das Ganze wirklich Freude machen kann. Des Weiteren ist Tanzen auch eine hervorragende Ehe-Therapie ohne Worte. Denn diese Sportart hat etwas mit führen und geführt werden zu tun. Die Männer sind herausgefordert ihre Führungsrolle neu zu entdecken und diese auch zu übernehmen, während Frauen sich entspannt „verwöhnen", sich führen lassen dürfen. Dies sind Eigenschaften, die in der heutigen Zeit eher abhanden gekommen sind. Ob Standard-, Volks- oder Ausdruckstanz, egal welche Sportart Sie ausüben, das eigene Wohlbefinden ist entscheidend und sollte im Vordergrund stehen. Sich auf neue Wagnisse einzulassen, kann bedeuten, dass sich die Vitalität und Lebensfreude trotz zunehmendem Alter deutlich steigern.

Lachen steckt an und ist gesundheitsfördernd

Wann haben Sie das letzte Mal so richtig gelacht?
Ich meine nicht das zynische, bittere Lachen, das Verachtung und Geringschätzung ausdrückt. Ich meine ein Lachen, das so richtig von Herzen kommt, sei es wegen eines Witzes oder einer lustigen Begebenheit.

Wer viel von Herzen lacht, tut seiner Gesundheit etwas sehr Gutes. Lachen und Fröhlichsein ist eine gute Medizin. Dies steht schon in den Sprüchen, so z.B. „Ein fröhliches Herz tut dem Leibe wohl, aber ein betrübtes Gemüt lässt das Gebein verdorren.“[41]
Fragt man jemanden, wie es ihm gehe, so lautet die Antwort vielfach: „Ich bin im Stress.“ Ich überlege mir oft, ob man denn wirklich keine Zeit mehr hat. Wo bleibt der Genuss von Gemütlichkeit? Es können Kleinigkeiten sein, die uns den Alltag verschönern. Oft ist es ein freundliches Wort oder eine fröhliche Geste, die ermutigend wirkt. „Ein fröhliches Herz macht ein fröhliches Angesicht.“[42] Lachen baut Stress ab und löst Verspannungen. Lachen ist entspannend und ermutigend.
Wer ausgiebig lacht, kann sich besser konzentrieren und ist deshalb wieder leistungsfähiger. Wenn man lacht, macht man sich sofort weniger Sorgen darüber, was in der Vergangenheit war oder in der Zukunft sein wird, weil man im Augenblick lebt und sich einfach am Jetzt freut.

Ausgiebiges Lachen könnte mit einer körperlichen Ertüchtigung, wie z.B. einem Dauerlauf, verglichen werden. Viele Muskeln werden durch Lachen beansprucht.

Durch das heftige Atmen wird der Blutkreislauf und somit die Sauerstoffzufuhr angeregt, was natürlich den Kalorienverbrauch entsprechend erhöht. So ist es nicht verwunderlich, dass man auf dem Sofa sitzend durch Lachen an Gewicht verlieren kann! Menschen, die viel lachen, leben entspannter, was sich positiv auf die Funktion des gesamten Stoffwechsels auswirkt. Verschiedene Studien beweisen, dass Stresshormone, wie z.B. Adrenalin, durch heftiges Lachen gesenkt werden. Dies hat Auswirkungen auf das Wohlbefinden im körperlichen, seelischen und geistigen Bereich, weil das positive Hormon Endorphin ausgeschüttet wird. Nach neuesten Forschungen wird auch das Immunsystem positiv beeinflusst, da sich die Antikörper erhöhen. Wer viel lacht, ist auch zufriedener mit sich selbst.

Menschen, die viel lachen, leben entspannter, was sich positiv auf die Funktion des gesamten Stoffwechsels auswirkt.

Die Kirche im Mittelalter hatte das Lachen als teuflisch bezeichnet. In England durfte unter Königin Viktoria in den Empfangshallen nicht gelacht werden. Und wer über Hitler und über das Naziregime Witze machte, musste mit der Todesstrafe rechnen. Das Lachen erlebt buchstäblich durch unsere leistungsorientierte Gesellschaft eine gewisse Einbuße. Obwohl das Lachen in früherer Zeit eingeschränkt war, hat man noch vor über 40 Jahren im Durchschnitt dreimal mehr gelacht als heute.

Man tut gut daran, es neu zu lernen. Lachen Sie auch ab und zu über sich selber und genießen Sie das Leben mit mehr Humor. Ärgert man sich dauernd über andere oder über sich selbst und beschimpft man sich dabei auch noch, beraubt man sich seiner eigenen Lebensfreude, was zum Verlust an Lebensqualität führt.

Beobachtet man die Tierwelt, entdeckt man Folgendes: Wenn Tiere vor Konflikte gestellt werden, fliehen oder kämpfen sie. Dem Menschen steht eine dritte Möglichkeit offen. Das Lachen! Es gibt viele Situationen im Leben, die man mit Humor besser bewältigen kann.

Lachen kostet nichts und hat keine Nebenwirkungen.

Es ist eines der schönsten Geschenke an uns Menschen. Lachen wirkt ansteckend und ist daher eine hervorragende Methode Stress abzubauen.

Wenn man viel unterwegs ist, kann es auch passieren, dass man in peinliche Situationen gerät. Es ist wunderbar, über sich selbst zu lachen und nicht immer alles so tierisch ernst zu nehmen. Als ich einen Vortrag vor ca. 150 Frauen halten sollte und ich mit folgendem Satz aufgerufen wurde: „Frau Siegenthaler, staatlich diplomierte Fitnesstrainerin, kommt jetzt nach vorne und spricht zu uns", stolperte ich recht heftig über die Treppen. Da lag ich nun und mein Landeplatz war direkt vor dem Rednerpult. Ein anderes Mal stand ich mit einer Zahnlücke vor dem Publikum, weil sich plötzlich meine provisorische Zahnkrone selbstständig gemacht hatte. Die besondere Kunst lag darin, die Rede fertig zu halten. Schön, dass es im Publikum liebe Leute gab, die mir einen Kaugummi anboten, um dieses Ding festzukleben. Während ich ein Halbtagesseminar in einer renommierten Firma vor rund 40 Personen gehalten habe, hat sich allmählich mein rechtes Auge verfärbt, obwohl ich nicht damit gerechnet habe. Der Grund war, dass mir am Morgen beim Frühsport durch ein blödes Missgeschick eine Leiter auf den Kopf gefallen war und ich zuerst zum Arzt musste. Zum Glück konnte der Stich genau zwischen den Augenbrauen genäht werden, so dass man praktisch kaum etwas gesehen hatte. Während sich vor meinem Auftritt mein Stresspegel wieder einmal in eine „schwindelerregende Höhe" bewegt hatte, wollte ich nur noch schnell meine Musikanlage, die unter dem Tisch war, richtig einstellen, dabei schlug ich mit dem Kopf an der genähten Stelle etwas heftig auf die Tischkante. Noch heute muss ich darüber lachen. Als ich während der Pause erstaunt vor einem Spiegel stand, ahnte ich warum mich wohl die Teilnehmer während des Referates etwas direkter als sonst anschauten und dabei immer geschmunzelt haben. Ich entschloss mich der etwas peinlichen Situation positiv zu begegnen und nahm es mit mehr Gelassenheit und Humor. Erst am Schluss des Seminares habe ich den Teilnehmern das Geheimnis der plötzlich auftretenden Verfärbung am Auge gelüftet, worauf ein starker Applaus folgte, der doch sehr wohltuend war. Über sich selber zu lachen ist befreiend. In unseren Seminaren wird

Es ist wunderbar, über sich selbst zu lachen und nicht immer alles so tierisch ernst zu nehmen

sehr viel gelacht. Erstaunt über sich selbst können viele Teilnehmer sich plötzlich an ganz kleinen Dingen erfreuen. Man könnte z.B. die eigene persönliche Fitness mit wenig Aufwand und ein bisschen Fantasie in Schwung bringen. Falls Sie ein guter Handwerker sind, könnten Sie sich auch mal Stelzen anfertigen. Ihre eigenen Kinder oder Enkel werden so eine Idee sicherlich mit Begeisterung unterstützen. Gemeinsam geht's besser.

Versuchen Sie doch mal einen Spaziergang auf Stelzen zu machen. Dies erhöht nicht nur das Koordinationsvermögen, es stärkt die Muskulatur und beeinflusst die An- und Entspannungsfähigkeit. Zudem ist der Spaßfaktor, der das Ganze begleitet nicht zu unterschätzen – und außerdem hat der Nachbar sicherlich was zu lachen. Wer weiß? Vielleicht wäre so was auch zukunftsträchtig. Wer hätte denn noch vor wenigen Jahren gedacht, dass sich „Skistöcke" in solch kurzer Zeit zu Walkingstöcken verwandeln würden, die heute in jede Jahreszeit passen und erst noch der Volksgesundheit förderlich sind? Wie auch immer, wer seine Vitalität im richtigen Sinn trainiert, hat mehr Freude am Leben. Manchmal kommen Menschen in die Seminare und entschuldigen sich im Voraus weil sie denken sie könnten sich nicht recht bewegen, da sie seit ihrer Schulzeit etwas bequem und träge geworden sind. Dafür wie man sich bewegt muss man sich nicht entschuldigen, Hauptsache ist, dass man sich bewegt. Ob Sie sich zur Musik bewegen, Ski fahren, golfen oder auch noch im fortgeschrittenen Alter schwimmen lernen, schmunzeln Sie

über sich selbst, wenn es anfänglich ein wenig humorvoll ausschaut. Im Vordergrund jeglicher Bewegungsform sollte doch
die Freude stehen.

Lachen erhöht die Freude und die Vitalität
Lachen
- wirkt ansteckend
- setzt positive Hormone frei
- entschärft Konflikte
- signalisiert Souveränität und Zuversicht
- fördert den Optimismus
- baut Stress ab
- schafft Nähe zum Nächsten
- schafft Distanz zum Problem
- baut soziale Spannungen ab
- stärkt das Selbstvertrauen und dies führt zur Handlungs-
  freude
- ist einfach und ansteckend

Während Kinder anscheinend bis zu 400-mal pro Tag lachen, lachen Erwachsene nur 20-mal. Sollten wir da nicht lernen von den
Kindern? Demnach sollte der Spruch heißen: „Nicht wer zuletzt
lacht – sondern wer immer wieder lacht, lacht am besten.“

Stress kann umgewandelt werden

Allgemein wurde früher mehr körperlich gearbeitet und die
Menschen sind viel häufiger zu Fuß unterwegs gewesen als heute. Oftmals hat man weite Fußmärsche zur Arbeit zurückgelegt.
Am Abend hat man sich noch mit den Nachbarn unterhalten
und sich alles sozusagen von der Seele geredet. So wurde auf natürliche Weise Stress abgebaut.
Heute sitzt man im Auto und fährt zur Arbeit. Der Fernseher
bringt am Abend den nötigen Ausgleich. Dadurch wird auch
nicht mehr viel miteinander gesprochen und Kummer und Sorgen werden oftmals verdrängt. Wir haben zunehmend mit

schlaflosen Nächten zu kämpfen. Verwundert uns das bei einer solchen Lebensweise?

Je größer der Stress, desto mehr sollte er umgewandelt werden.

Stress wird durch ein regelmäßiges moderates Training in körperliche Müdigkeit umgewandelt. Der Körper ermüdet und ermöglicht einen besseren Schlaf. Auf diese Weise kann sich die nervliche Spannkraft für die Belastungen des nächsten Tages regenerieren.

Wie bereits erwähnt gibt es durchaus einmal Zeiten, in denen ein Training z.B. durch Krankheit oder Unfall nicht durchführbar ist. Wenn aber die Möglichkeit besteht, sollte sich jeder nach seiner körperlichen Verfassung bewegen, auch wenn Einschränkungen durch eine Behinderung vorhanden sind.

Eine weitere Form eines körperlichen Trainings ist die progressive Muskel-Entspannungstechnik. Dies ist ein hervorragendes Programm auch für Menschen, die bettlägerig sind und dennoch eine effektive körperliche Ertüchtigung suchen. Sie ist nicht nur bei hoher Belastung eine ideale Möglichkeit, Stress abzubauen, sondern täglich im Alltag sinnvoll.

Edmund Jacobson, ein Arzt und Wissenschaftler, lebte in der ersten Hälfte des 20. Jahrhunderts und stellte fest, dass eine innere Anspannung immer auch mit äußeren Muskelverspannungen zu tun hat. Umgekehrt bringt eine Lockerung der Muskulatur auch eine innere psychische Beruhigung mit sich. Das von Jacobson entwickelte Prinzip der progressiven Muskelentspannung ist eine leicht einzuübende und sehr effektive Methode, ein Entspannungsprogramm zu Hause selber durchzuführen.

Jacobson stellte fest, dass auf eine kurzzeitige Anspannung einer Muskelgruppe mit der Zeit eine vertiefte Entspannung folgt. Beim Muskelentspannungstraining wird die Muskulatur kurz und kräftig angespannt und danach langsam wieder losgelassen.

Führen Sie einmal folgende Übung durch: Ballen Sie Ihre Hände zu Fäusten, halten Sie die Spannung ein wenig und lassen Sie ganz langsam wieder los. Führen Sie diese Übung zwei- bis dreimal durch. Sie werden feststellen, dass sich Ihre Hände nach diesem Training wärmer und schwerer anfühlen als im angespannten Zustand. So kann jede Muskelgruppe von Fuß bis Kopf einzeln angespannt und wieder entspannt werden. Mit meiner CD „Entspannung für jeden Tag", erschienen bei Gerth Medien, kann das Ganze ohne großen Aufwand einfach und effektiv durchgeführt werden.

Wie bereits erwähnt, kann man nicht alle Probleme durch Bewegungstraining verändern. Bei Depressionen beispielsweise sollte auch psychologische Hilfe in Anspruch genommen werden. Es kann auch möglich sein, dass entsprechende Medikamente eingenommen werden müssen. Dies sollte jedoch immer in Absprache mit dem behandelnden Arzt oder Therapeuten geschehen.

Eine andere Form der Stressumwandlung ist uns durch die Tränen gegeben.

Jeder Mensch erlebt Zeiten, in denen es einem mehr oder weniger zum Heulen zumute ist. Es gibt viele Momente, in denen man auch weint aus lauter Freude oder weil man einfach vor Rührung sprachlos ist. Weinen ist eine sehr gute Therapie, dadurch werden Stresshormone abgebaut. In jeder Träne sind Stresshormone vorhanden, die mit ausgeschwemmt werden. Deshalb sollte man sich auch nicht dagegen wehren, sondern ihnen freien Lauf lassen, egal ob als Frau oder als Mann. Es gibt keinen Grund, sich für seine Tränen zu schämen.

Jeder Mensch erlebt Zeiten, in denen es einem mehr oder weniger zum Heulen zumute ist

Schon Therese von Avila hatte recht mit der Aussage:

> „Tu deinem Leib etwas Gutes, damit deine Seele gerne in ihm wohnt."

Es gibt verschiedene Wege Stress abzubauen. Der Mensch ist ein Ganzes, körperlich, seelisch und geistig. Die körperlichen Bedürfnisse müssen beachtet und gelebt werden, damit wir uns entspannen können.

Training mit Gefühl und Verstand

Mein Zusammenbruch (CFS) wurde unter anderem auch durch damalige hohe, intensive Trainingseinheiten und dem Nichtbeachten der jeweilig notwendigen Erholungszeiten ausgelöst.

In der heutigen Leistungsgesellschaft wird Fitness oft mit Leistung verwechselt. Spitzensportler sind für viele Menschen ein Ansporn, etwas für ihre eigene Fitness zu tun. Die Medien berichten meist nur über die Spitzenleistungen im Sport. Dadurch messen sich viele Hobbysportler mit Leistungssportlern. Positive Vorbilder sind wichtig. Jedoch kann ein zu intensives Training, das meist auch verbunden ist mit einem sehr großen Trainingsumfang, mehr schaden als nützen. Dies erlebte ich selber. Mein Ziel war es schon immer Halb- oder auch ganze Marathons zu bewältigen. Mein damaliges Trainingspensum entnahm ich aus einem Buch, das von einem Leistungssportler geschrieben wurde. Es enthielt ganze Listen, wie man gemäß eines dementsprechenden Trainings seine gewünschte Zeit bei einem längeren Lauf erreicht, ähnlich den vielen empfohlenen Diäten, die behaupten, man hätte in kürzester Zeit weniger um die Hüften, wenn man sie einhält. Beim genaueren Hinschauen wird jedoch nicht auf den gefährlichen Jojo-Effekt hingewiesen. Also suchte ich mir meinem Wunsch gemäß die Zeit für meinen Marathon aus und trainierte so wie vorgegeben. Da ich in meinen Jugendjahren Leistungssport betrieben hatte, war ich schon geprägt von einem leistungsorientierten Lebensstil, der mich nicht nur beim Laufen, sondern auch in allen anderen Bereichen meines Lebens beeinflusst hatte. Oftmals „biss ich auf die Zähne" und hielt dem vorgeschlagenen Trainingspensum meine Treue. Es gab Zeiten, da machte sich Unzufriedenheit breit, wenn ich durch irgendetwas, das dazwischen kam, mein Laufpensum verpasste, oder meine vorgegeben Zeiten gemäß dem Buch nicht erreicht hatte. Als mein plötzlicher Zusammenbruch kam, verstand ich die Welt nicht mehr. Ich benötigte Jahre, um mein Leben umzustellen. Lange begriff ich nicht, was es heißt, die eigenen Grenzen zu akzeptieren. Um sich nicht selbst zu überfordern, sollten die eigenen Grenzen bejaht werden. Manches hätte verhindert werden können, wenn ich das gewusst hätte was ich heute weiß. Das Leben ist ein Prozess und man tut gut daran, negative Erfahrungen zum Positiven umzuwandeln indem man aus der Krise eine Chance macht. Aus Fehlern kann man lernen, vorausgesetzt man will dies auch.

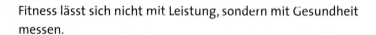

Fitness lässt sich nicht mit Leistung, sondern mit Gesundheit messen.

Bei einem Fitness- und Gesundheitstraining sollte die Verbesserung des Gesundheitszustandes vor der eigenen Leistungssteigerung stehen.
Ein ganzheitlich angepasstes Training führt zur Leistungssteigerung, da die Förderung des eigenen Wohlbefindens im Vordergrund steht.
Ein Bewegungsprogramm darf am Anfang nie zu schnell angegangen werden, da sich sonst Stresshormone bilden und es zu Frust und Unlust kommt.

Lassen Sie sich vom Frust nicht übereilen

Vielleicht ist Ihnen die Lust an der Bewegung durch zu hohe und intensive Bewegung vergangen. Vielleicht erinnern Sie sich mit Schrecken an Sportstunden in der Schule oder z.B. an einen Jogginglauf mit Freunden, weil diese ein hohes Tempo vorgelegt hatten und Sie sich krampfhaft bemühen mussten, sich dem hohen Schritttempo anzupassen.

Wie kann ein körperlich optimales Training so gestaltet werden, dass es weder zu einer Über- noch zu einer Unterforderung führt?

Grundsätzlich sollte man bei einem regelmäßigen abwechslungsreichen Training auf alle unten aufgeführten Teilbereiche achten, um rundum vital zu werden und zu bleiben:

- Ausdauer
- Koordination
- Dehnung
- Kräftigung
- Entspannung

Fitnesssport sollte Freude machen und ein gutes Gefühl vermitteln. Wer Fitness betreibt, beschenkt sich selbst ganz einfach mit etwas Gutem.

Keine Zeit und trotzdem fit

Viele praktische Tipps zum täglichen Wohlbefinden habe ich bereits aufgezählt. Wenn Sie trotz allem keine Zeit haben und etwas für ihre Fitness tun wollen, will ich Sie ermutigen, doch einfach mal zwischendurch zu trainieren, dort wo sich gerade eine Gelegenheit ergibt.

 Benutzen Sie vermehrt die Treppe. Stellen Sie das Auto zu hinterst auf den Parkplatz damit Sie einige Schritte mehr gehen müssen. Joggeln Sie auf der Stelle oder schwingen Sie die Arme ab und zu einige Male hin und her statt nur vor der Kaffeemaschine zu stehen und zu warten bis der Kaffee fertig ist. Treten Sie auf und ab mit den Füßen, wenn Sie irgendwo warten müssen. Ist das Lichtsignal auf rot gestellt, sitzen Sie im Auto kurz aufrecht hin. Ein verstärkter Händedruck am Steuer erhöht den Muskeltonus.

Dies kann mit vielem, das wir anfassen, durchgeführt werden. Z.B. wenn man beim Einkaufen den Wagen vor sich herschiebt. Achten Sie dabei darauf, dass Sie Ihre Schultern fallen lassen und das Brustbein leicht anheben. Es muss ja auch nicht immer eine perfekte Bewegungsausführung sein. Hauptsache man bewegt sich. (Weiteres siehe S. 167)

Veränderungen in der Büroeinrichtung können zu vermehrt stehender Arbeit führen. Dies muss nicht immer mit einer teuren Anschaffung verbunden sein. Ein hoher Steh-Bistro-Tisch, worauf das Telefon und die notwendigen Notizblätter sind, könnte neben dem Schreibtisch aufgestellt werden. Alle Anrufe können somit im Stehen durchgeführt werden.

Lassen Sie Ihrer Kreativität freien Lauf. Denn bereits viele kleine Dinge können dazu führen, dass Alltag und Beruf bewegungsfreundlich gestaltet werden können. Dies eröffnet neue Wege, die zur Erhöhung der eigenen Vitalität verhelfen.

Optimales Ausdauertraining

Ein moderates – gleichmäßiges und regelmäßiges – Training der Ausdauer hält nicht nur das Herz-Kreislauf-System in Schwung. Ausdauer ist ebenso notwendig, um länger durchhalten zu können. Wer eine gute Ausdauer hat, wird langsamer ermüden und kann Belastungen besser verarbeiten.

Das Herz eines Trainierten kann mehr Blut auf einen Schlag aufnehmen und wieder hinauspumpen als das Herz eines Untrainierten. Bei letzterem schlägt das Herz viel schneller, was eine Gefährdung bei erhöhten Belastungen für den Herz-Kreislauf bedeuten kann. Dies liegt daran, dass die Herzwände eines Trainierenden kräftiger sind, wodurch die Anzahl der Herzschläge pro Minute gesenkt werden. Eine gut trainierte Herzmuskulatur muss wesentlich weniger arbeiten als eine untrainierte.

Damit keine Über- oder Unterforderung während eines körperlichen Trainings passiert, sollte man die physiologischen Vorgänge dabei beachten.

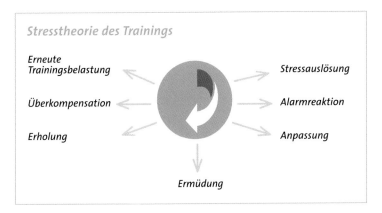

Stresstheorie des Trainings

Erneute
Trainingsbelastung — Stressauslösung

Überkompensation — Alarmreaktion

Erholung — Anpassung

Ermüdung

Stressauslösung

Jede Trainingsbelastung löst je nach Umfang, Intensität, Dauer und Dichte einen gewissen Stress aus.

Wenn man sich dies vorher klarmacht, kann es einem leichter fallen, sich in Bewegung zu setzen. Denn es kostet ja ein wenig Anstrengung und Überwindung, sich aufzumachen und etwas in Angriff zu nehmen.

Bei sitzender Tätigkeit in Beruf und Alltag muss man sich oft einen doppelten Schubs geben. Dies betrifft den Sportlichen genauso wie den Unsportlichen. Sicher haben es diejenigen leichter, die schon lange Sport treiben, da sie bereits erfahren haben, dass ein Training positive Auswirkungen hat, vorausgesetzt, es wurde optimal trainiert. Gerade in Zeiten, wo es einem nicht so gut geht oder schlechtes Wetter herrscht, kann man Mühe haben, sich in Bewegung zu bringen. Sie werden wahrscheinlich erleben, dass Ihnen die ersten zehn Minuten eines Trainings alles Mögliche durch den Kopf geht, was Sie in dieser Zeit zu Hause oder im Büro erledigen könnten. Überwindung zum Training hat also nichts mit Vererbung zu tun, sondern mit unserem Willen!

Alarmreaktion

Auf die Stressauslösung antwortet das angesprochene Organsystem mit verschiedenen Alarmreaktionen, z.B. Erhöhung der Herzfrequenz, was zu einer besseren Durchblutung führt. Es kann dadurch auch mehr Sauerstoff aufgenommen werden. In der Fachsprache nennt man dies Energiemobilisierung oder Energiebereitstellung und das bedeutet, dass der Körper etwa 10 Minuten benötigt, um sich von Ruhe auf Aktivität umzustellen.

In dieser Zeit darf ein Training nie zu schnell, das heißt zu intensiv angegangen werden, da sich sonst zu viele negative Stresshormone bilden, außerdem ist man frühzeitig erschöpft. Wenn Sie z.B. einen intensiveren Jogginglauf durchführen, sollten Sie am Anfang nicht allzu schnell gehen.

Die Aufwärmphase (Warm-up) kann durch verschiedene Übungen kreativ und abwechslungsreich gestaltet werden. Dazu eignen sich z.B. Hüpfformen wie ein leichter Hopserlauf, seitliches Hüpfen, usw. Auch verschiedene Schwungübungen können mit eingebaut werden. Lockere Übungen oder Dehnübungen sollten am Schluss eines Trainings durchgeführt werden, da die Pulsfrequenz durch Standübungen während der Abwärmphase (Cooldown) gesenkt wird.

Anpassung

Nach einer gewissen Zeit kommt es zur Anpassung, zur allmählichen Wiederherstellung und der Körper passt sich der Bewegung an. In dieser Phase denkt man plötzlich nicht mehr an die oben erwähnten Tätigkeiten, die anstelle des Trainings erledigt werden könnten. Im Gegenteil, das Training kann jetzt in vollen Zügen genossen werden, da es entspannt. Dafür ist die Stressumwandlung verantwortlich.

Ermüdung

bedeutet: Verminderung der Leistung, Substratmangel, Entleerung der Glykogenspeicher.
Je nach Intensität und Trainingszustand kommt es früher oder später zur Ermüdung. Dann ist es Zeit, zum Trainingsende zu kommen. Gerade Anfänger sollten diesen Zeitpunkt nicht einfach übergehen. Es ist deswegen ratsam, anfangs eine nicht allzu weite Strecke zum Laufen zu wählen.

Erholung

Nach dem Training werden die verbrauchten Energien wiederhergestellt, deshalb sind jetzt Ruhe und Erholung nötig. Es gibt zwei Möglichkeiten der Ruhephase: die aktive und die passive. Aktiv heißt, man geht locker spazieren oder schwimmen etc. Passiv bedeutet, man freut sich über die vorausgegangene Bewegung und kann ohne schlechtes Gewissen z.B. im Liegestuhl liegen und ausruhen.
Wie die Erholung ist auch die Nahrungsaufnahme wichtig und die verbrauchten Energien werden so wieder aufgenommen.
Nach einem Training reagiert der Körper mit einer erhöhten Fettverbrennung. Je nach der gewählten Trainingseinheit hält diese über Stunden an. Hat man gut trainiert, ist das eigene Wohlbefinden im positiven Sinn deutlich spürbar. Über mehrere Stunden fühlt man sich vitaler. Wollen Sie vermehrt Gewicht verlieren, so eignet sich der Zeitraum des Abends zum Training besonders gut, vorausgesetzt Sie essen nach dem Training nur etwas ganz leichtes, z.B. Früchte oder Gemüse und keine Kohlenhydrate. Durch die Nacht steht dem Stoffwechsel mehr Zeit zur Verfügung um die angestauten Fettreserven zu verbrennen. Nach dem Training sollte man vermehrt trinken, jedoch keine gesüßten Getränke. Wasser oder Tee genügen. Die Fettverbrennung wird deutlich eingeschränkt durch Zufuhr von Kohlenhy-

draten und Süßigkeiten im Zeitraum direkt nach einem Training. In diesem Fall sollte man darauf achten, dass die Kohlenhydrate vor dem Training, z.B. am Mittagstisch gegessen werden.

Überkompensation

Eine gewisse Zeit nach der Belastung kommt es je nach Intensität des Trainings zu einer erhöhten Wiederherstellung, was soviel bedeutet wie eine erhöhte Vitalität. Dies ist der Trainingsgewinn bzw. Trainingseffekt, der über einige Stunden anhält.

Erneute Trainingsbelastung

Innerhalb der Phase der Überkompensation sollte es zu einer erneuten Trainingsbelastung, das heißt einem weiteren Training, kommen.

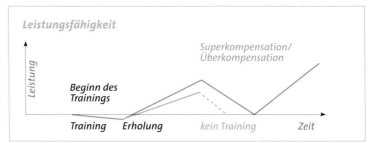

Quelle:
J. Weineck/Perimed
im Spitta-Verlag [43]

Das Training sollte abwechslungsreich sein. Je nach Intensität sollten Sie die nötigen Erholungszeiten beachten: Je intensiver ein Training durchgeführt wird, umso länger muss die Erholungszeit eingehalten werden.

Trainingsbelastung		
	Regenerationszeit in Std.	
Trainingsform	trainiert	untrainiert
Fettverbrennung	12–24	24–36
Aerobe Ausdauer (Ball- u. Laufspiele)	24–36	36–48
Anaerobe Ausdauer (Tempoläufe)	36–48	48–72
Krafttraining/Muskelaufbau	36–48	72–84
Koordinationstraining (Aerobic)	24–48	36–60

Quelle:
J. Weineck/Perimed
im Spitta-Verlag [44]

In der Tabelle sehen Sie, wie lange die Erholungszeit nach einem jeweiligen Training dauert. Diese sollte auch eingehalten werden, damit keine Überforderung entsteht, bis eine erneute Trainingsbelastung durchgeführt wird.

Dauerstress übersäuert den Körper. Nicht umsonst sagt man auch: „Ich bin sauer". Wenn eine Person ständig auf Hochtouren läuft und sie führt dazu noch ein Training, vor allem im intensiveren Bereich, durch und beachtet die jeweiligen Erholungszeiten nicht, braucht man sich über einen Burn-out oder eine immer wiederkehrende Erschöpfung nicht zu wundern.

Gerade in Zeiten, in denen der Stresspegel sehr hoch ist, sei es am Arbeitsplatz oder zu Hause, sollte man zwar umfangreiche Trainings im Fettverbrennungsbereich, jedoch keine zu hohen und intensiven im anaeroben Bereich durchführen. Im Fettverbrennungsbereich (mittlere Herzfrequenz) wird neue Energie gewonnen und eine Übersäuerung abgebaut.

Das Training im Fettverbrennungsbereich führt außerdem im Blut zum Anstieg der Werte von HDL (Trägereiweiß für das „gute" Cholesterin) und zu einer Senkung des LDL (Trägerprotein für das „schlechte" Cholesterin). Dies hat einen positiven Effekt auf die Arterien-Innenwände und wirkt sich präventiv auf das Herz-Kreislaufsystem aus. Es ermöglicht einen besseren Schutz vor einem Herzinfarkt. Bei einer Untersuchung des Cholesterinspiegels sollte man den Arzt nach den beiden Werten HDL und LDL fragen.

Arterienverkalkung

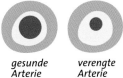

gesunde   verengte
Arterie   Arterie

Bei Stresssituationen ziehen sich auch die Arterien leicht zusammen, was eine doppelte Gefahr für Herz und Kreislauf bedeutet. Vor allem Menschen, die unter einem Burn-out leiden, sollten ihr Training regelmäßig mit Herzfrequenz-Messgerät, auch Pulsmesser oder Pulsuhr genannt, durchführen, damit sie sich kontrollieren können und sich nicht überfordern. Das Training mit einem Pulsmessgerät ist nicht besonders geeignet für Personen, die wegen zu hohem Blutdruck blutdrucksenkende Medikamente wie Betablocker zu sich nehmen müssen. Durch die medikamentöse Herabsetzung der Herzfrequenz können sie sich anstrengen soviel sie wollen, die Herzfrequenz erhöht sich trotz intensivem Training nicht. Deshalb müssen diese Personen während eines Trainings auf das eigene Wohlbefinden achten und dabei noch gut miteinander plaudern können. Es ist medizinisch bewiesen, dass durch ein regelmäßiges Ausdauerprogramm der erhöhte Blutdruck gesenkt wird. Die Dosis der Medikamente darf allerdings immer nur in Absprache mit dem jeweiligen Arzt nach seinen genauen Untersuchungen angepasst werden.

Damit man weder unter- noch überfordert ist, kann die Intensität des Trainings anhand des Pulsschlags gemessen werden.
Die Faustregel der Rechnung 180 minus Lebensalter gilt schon seit langer Zeit nicht mehr. Für den einen ist dies eine zu niedrige, für den anderen sogar eine zu hohe Pulsfrequenz, was leicht zu einer Über- oder Unterforderung führen kann. Die jeweilige Herzfrequenz verändert sich auch jeweils nach Alter, Gesundheitszustand oder momentaner Stressbelastung.
Daher ist es empfehlenswert, immer mal wieder seine eigene Herzfrequenz zu errechnen und das Training danach auszurichten.

Die mittlere Herzfrequenz lässt sich am besten errechnen, wenn Sie Ihren Puls morgens vor dem Aufstehen messen. Zählen Sie Ihre Pulsschläge in 10 Sekunden und multiplizieren Sie das Ergebnis mit sechs. Sie haben jetzt die Anzahl der Schläge in einer Minute.
Die grafische Darstellung soll zeigen, in welchem Bereich Sie trainieren können. Im unten angegebenen Beispiel liegt der mittlere Bereich zwischen 132 und 142 Schlägen pro Minute.

Optimale Trainings-Herzfrequenz	
Beispiel: Alter 40, Ruhepuls 60 220 - 40 - 60 = 120 x 0,6 = 72 + 60 = 132	
anaerobes Training (ohne Sauerstoff)	hohe Herzfrequenz
aerobes Training	erhöhte Herzfrequenz
Fettverbrennung mit optimaler Sauerstoff-Zufuhr	142 mittlere Herzfrequenz 132 mittlere Herzfrequenz 122 mittlere Herzfrequenz
Gesundheitszone	niedrige Herzfrequenz

Wenn Sie zu den Anfängern gehören, achten Sie darauf, dass Sie vermehrt ein Training im Fettverbrennungsbereich durchführen.

Dank dem Pulsfrequenzmessgerät von Polar mit OwnZone®-Funktion kann Ihre momentane Tagesform noch genauer berechnet werden. Gerade wenn Sie Anfänger sind, empfehle ich solch ein Messgerät, das Ihnen hilft Ihre momentane Leistungsform zu messen, so dass Sie dementsprechend auch optimal danach trainieren können.

Doch nicht alle trainieren gerne mit einem Gerät.
Wenn Sie ein Training ohne Pulsuhr durchführen, können Sie Ihre Trainingsintensität auch erspüren indem Sie den Sprechtest durchführen.

Trainings-Herzfrequenz

Anaerobe Zone

Aerobe Zone

Fettverbrennung

Gesundheitszone

Gehen Sie leicht spazieren, befinden Sie sich in der Gesundheitszone.
Wenn Sie sich gut während eines Trainings unterhalten können, so trainieren Sie in etwa im Fettverbrennungsbereich.
Trainieren Sie so, dass Sie sich gerade noch unterhalten können, befinden Sie sich im aeroben erhöhten Bereich.
Führen Sie das Training so schnell durch, dass Sie während eines Trainings nicht mehr sprechen können, sind Sie im anaeroben hohen Bereich.

> **Hohes Tempotraining im anaeroben Bereich ist als Gesundheitssport, außer bei einem sehr guten Trainingszustand, nicht geeignet.**

Wenn nicht genügend Sauerstoff aufgenommen wird, kommt es zu einem Anstieg der Laktatsäure. Dies führt zu einer ungewollten Verhärtung der Muskulatur sowie zur Ausschüttung von Stresshormonen, Adrenalin und Noradrenalin. Erschöpfung nach einem Training ist ein Zeichen eines zu hohen intensiven Trainingsniveaus.
Eine ständige zu hohe Trainingsbelastung kann außerdem Folgendes bewirken:

- Verminderte Leistungsfähigkeit
- Störung des Immunsystems, Zunahme von Allergien oder Grippevirus
- Erhöhung der Verletzungsgefahr. Gelenke, Knorpel, Sehnen und Muskeln sind davon betroffen.
- Herzbeschwerden
- Konzentrationsstörungen
- Zu hohe sportliche Belastungen führen außerdem zur Erhöhung verschiedener Stresshormone und letztlich zu Frust und Unlust.

Durch einen zu hohen Leistungsdruck wird das eigene Körperempfinden in erheblichem Maße gestört. Man tut gut daran, in sich hineinzuhören, was der Körper einem sagt. Ihn dürfen und sollen wir spüren und dies ist sogar lebensnotwendig, damit dauernde Überforderungen verhindert werden. Diese zu vermeiden kann gut geübt werden, indem man eigene Beobachtungen während eines Trainings mit den Ergebnissen einer Pulsuhr vergleicht. Oftmals zeigt die Pulsuhr längst eine hohe Frequenz an, während wir meinen, lange noch nicht in diesem hohen Bereich zu trainieren. Wenn Sie es versuchen, werden Sie staunen, welche Erfahrungen Sie machen werden.

Gewichtsverlust durch Training

Ohne regelmäßiges Training ist es unmöglich, dauerhaft an Gewicht zu verlieren und das neue Gewicht auch zu halten.

Es ist eine Utopie zu glauben man könnte auf die bequeme Tour Gewicht verlieren. Das Leben ist voll von gewissen Grundsätzen, die man einhalten muss, um ein bestimmtes Ziel zu erreichen. Man muss wollen und den entsprechenden Weg gehen, für den man sich entschieden hat, was manchmal bedeutet, dass der Weg auch einmal etwas unbequem sein kann.

Unter anderem muss ebenfalls die Ernährung kontinuierlich, aber ohne Fanatismus, umgestellt werden. Ich möchte Ihnen Mut machen, sich wenn nötig an einen Ernährungstrainer oder -berater zu wenden.

Wassergymnastik, Rad fahren und Nordic Walking eignen sich besonders bei übergewichtigen Menschen. Die Gelenke werden dabei nicht allzu sehr überbeansprucht. So hat man im Wasser z.B. einen großen Widerstand durch den Wasserdruck zu überwinden, auf dem Rad sitzt man gut und beim Nordic Walking werden die Knie nicht so stark belastet.

Will man Gewicht verlieren, ist es notwendig, nicht nur im Bereich der Fettverbrennung zu trainieren. Das Training sollte abwechslungsreich sein und mindestens drei- bis viermal pro Woche 30 bis 40 Minuten oder länger umfassen. Ab und zu, z.B. jedes dritte Mal, oder wenn Sie bereits gut trainiert sind jedes zweite Mal, sollten Sie mit erhöhter Herzfrequenz im aeroben Bereich trainieren. Beachten Sie dabei jedoch die nötigen Erholungsphasen. Ein solches Training bewirkt, dass die Mitochondrien – Kraftwerke des Muskels – erhöht werden, was zu einer erhöhten Sauerstoffaufnahme führt, wodurch wiederum mehr Fett verbrannt wird.

Wer den Eindruck hat, eine Gewichtsabnahme könne nur durch ein hohes und intensives Training erzielt werden, hat sich getäuscht.

Wer den Eindruck hat, eine Gewichtsabnahme könne nur durch ein hohes und intensives Training erzielt werden, hat sich getäuscht. Wer ständig nur im erhöhten Bereich trainiert, kann kein Gewicht verlieren. Um Fett abzubauen, muss das Training immer wieder im Bereich der Fettverbrennung durchgeführt werden. Trainieren Sie also abwechselnd.

Auf ein abwechslungsreiches Training sollte auch geachtet werden beim Nordic Walking. Das beliebte Training mit den Stöcken ist ein hervorragendes Lockerungs- und Dehnungs-Training für den Bereich der Hals-Nackenmuskulatur. Durch den Stockeinsatz werden Bein- und Gesäßmuskulatur weniger belastet. Darum aufgepasst: Wer nur noch mit den Stöcken geht, läuft Gefahr, dass es zur Verminderung der so genannten Mitochondrien in Bein-, Gesäß- und Bauchmuskulatur kommen kann. Einfach ausgedrückt, es sind zu wenig Kraftwerke – sprich Mitochondrien –

in diesem Bereich der Muskulatur vorhanden. Die Folge ist, dass sich in diesem Fall die Muskulatur in diesen Bereichen eher abschwächt. Alles kann zu viel oder zu wenig sein. Balance ist deshalb gefragt.

> Begeisterte Nordic Walker sollten zwischendurch auch mal ohne Stöcke trainieren und zügig walken oder joggelen. Das Training mit der eigenen Muskelkraft kräftigt sowohl die Bein- und Gesäß- als auch die Bauchmuskulatur optimal.

Es tut also gut, abwechslungsreich und vielseitig zu trainieren.

Wollen Sie mehr über das Training und die Fettverbrennung wissen, empfehle ich Ihnen das Buch von Covert Bailey „Fett verlieren, Form gewinnen", das Sie unter anderem auch unter www.siegenthalervital.com beziehen können. Oder besuchen Sie ein Seminar. Informationen dazu erhalten Sie im Anhang des Buches.

Koordination ist immer mehr gefragt

Ohne Koordinationsvermögen könnten wir nicht aufrecht stehen. Durch die Bewegungsarmut und die oft einseitige Belastung im Alltag, wie häufiges Fernsehen, Computerspiele etc., werden die koordinativen Fähigkeiten eingeschränkt. Die Gehirnleistungsfähigkeit wird einseitig beansprucht und dadurch herabgesenkt.

Konzentrations- und Gleichgewichtsstörungen nehmen permanent zu. Viele Kinder weisen einen starken „Wackelgang" auf oder haben Mühe, die Treppen hoch- und herunterzugehen. Umso wichtiger ist es, ein regelmäßiges Koordinationstraining durchzuführen. Damit sind Übungen gemeint, bei denen mehrere Bewegungen gleichzeitig ablaufen, wie Schwimmen, Federball spielen, etc. Wer eine geringe Ausdauerleistung hat, bei dem ist auch das Koordinationsvermögen herabgesetzt. Man ist schneller ermüdet und hat somit auch Probleme, sich lange und

gut zu konzentrieren. Bewegungsmangel setzt die Lebensqualität in jeder Hinsicht herab.

Regelmäßige Koordinationsübungen fördern

- das Gleichgewicht, was nicht nur mit zunehmendem
  Alter von entscheidender Bedeutung ist,
- die Konzentrationsfähigkeit,
- das Lernvermögen,
- ein besseres Körpergefühl,
- eine schnellere Reaktionsfähigkeit.

Stretching – Voraussetzung für jede Art von Bewegung

Jeder weiß wie gut es tut, wenn man sich zwischendurch mal
streckt und räkelt. Dehnungsübungen gehören zur Voraussetzung jeglicher Art von Bewegung. Mit zunehmendem Alter nimmt die Beweglichkeit (Dehnfähigkeit) des Menschen ab.
Wer sich nicht regelmäßig bewegt, braucht sich nicht zu wundern, wenn man plötzlich Mühe hat, die Schuhe zu binden oder
am Morgen die Strümpfe anzuziehen. Regelmäßiges Dehnen erleichtert Ihnen den Alltag, so dass die alltäglichen Bewegungen
bis ins hohe Alter möglich sind.
Stretching-Übungen fördern die Durchblutung und verringern
gerade beim Sport die Verletzungsgefahr. Außerdem wird der
Stoffwechsel gefördert.
Zudem trägt regelmäßiges Dehnen dazu bei, Ihre Haltemuskulatur optimal und stabil zu halten.
Knorpel und Bandscheiben werden nicht, wie viele annehmen,
durch die Durchblutung, sondern in erster Line durch die Be- und
Entlastung ernährt, was ganz einfach durch die Bewegung geschieht. Deshalb ist ein regelmäßiges Dehn- und Kräftigungsprogramm der gesamten Muskulatur von entscheidender Bedeutung. Die Gefahr einer frühzeitigen Abnützung der Gelenke,
Arthrose, kann somit vermindert werden.

Ein regelmäßiges Dehnungs- und Kräftigungsprogramm hat folgende positive Auswirkungen:

- Der Stoffwechsel wird angeregt.
- Die Körperhaltung wird verbessert.
- Die körperliche Wahrnehmung wird erhöht, was sich wiederum auf Geist und Seele auswirkt. Somit können Über- oder Unterforderung besser wahrgenommen werden, was zu mehr
- Wohlbefinden führt.

Verschiedene praktische Übungen finden Sie am Schluss des Buches.

Kräftigung

Ob zum Heben, Schieben, Tragen oder Halten eines Gewichtes, für alles wird eine gekräftigte Muskulatur benötigt. Bereits für die Bewegung Ihres eigenen Körpers müssen Ihre Muskeln arbeiten. Eine vielseitig entwickelte Muskulatur stützt den Körper und schützt die Gelenke vor Verschleiß.

In früheren Zeiten wurde die Muskulatur auf ganz natürliche Weise gekräftigt. Die Ziegen wurden von Hand gemolken, die Wäsche von Hand geschrubbt, das Brot von Hand geknetet. Heute stehen dafür Maschinen bereit. Auch die Fußmuskulatur wurde durch viel Barfußlaufen ausgebildet. Eine gut gekräftigte Fußmuskulatur hat auch einen sehr positiven Einfluss auf die Beckenbodenmuskulatur.

Die Kräftigung der Beckenbodenmuskulatur hat Einfluss auf den ganzen Menschen.

Wie bereits erwähnt, litt ich selber an einer schweren Beckenbodenabschwächung. Ich versuchte alles daran zu setzen, den dauernden Wasserverlust bedingt durch die abgeschwächte Beckenbodenmuskulatur zu stoppen. Doch alle Versuche scheiterten bis ich ein neues Trainingsprogramm entdeckte. Ich begann mit gezielten Übungen, die ich während meiner Ausbildung kennen gelernt hatte. Überraschenderweise traten allein schon durch ein Training der Körperhaltung Veränderungen ein und eine weitere Operation wurde unnötig.

Eine abgeschwächte Beckenbodenmuskulatur ist wie bereits erwähnt mit einem Erschöpfungszustand wie Burn-out in Zusammenhang zu bringen. Mit zunehmender Kräftigung meiner Beckenbodenmuskulatur verschwand auch mein CFS. So erstaunt es mich nicht, dass viele Frauen auch noch nach vielen Wochen und Monaten nach einer Geburt über Harninkontinenz und gleichzeitig über eine fast endlose Erschöpfungsphase klagen. Immer mehr bin ich davon überzeugt, dass beides miteinander zusammenhängt.

Im Durchschnitt ist jede dritte Frau im Alter zwischen ca. 30 und 50 Jahren von einer Harninkontinenz betroffen. Männer leiden bekanntlich an diesem Symptom meist erst im fortgeschrittenen Alter oder nach einer Prostataoperation. Jedoch führen der heutige Bewegungsmangel und die mangelhafte Ernährung dazu, dass auch zunehmend jüngere Männer von einer Beckenbodenabschwächung betroffen sein können. Deshalb ist es notwendig, sich frühzeitig mit einem Beckenbodentraining zu beschäftigen.

Der Beckenboden – die tragende Mitte

Machen Sie folgenden Test: Stellen Sie sich vor den Spiegel und beobachten Sie sich, wie Sie in ihrer Gewohnheitshaltung stehen. Wie stehen Sie, wenn Sie eine längere Zeit am Platz stehen? Viele stehen wie der „schiefe Turm von Pisa". Einseitige Belastung auf einem Bein führt unweigerlich zu einer Schiefhaltung und belastet nicht nur verschiedene Organe, sondern auch den Rücken.

Nun versuchen Sie folgende Übung:

- Stehen Sie aufrecht,
- Beine beckenbreit hinstellen,
- heben Sie das Brustbein ein wenig, nicht ins überstarke Hohlkreuz, und
- lassen Sie die Schultern fallen.

Führen Sie diese Übung im Wechsel zur vorhergehenden Haltung ein paar Mal durch und spüren Sie den Unterschied: Die körperliche „Schwere" der Haltemuskulatur durch die Fehlhaltung gegenüber der optimalen Haltung, die sich geradezu leicht anfühlt. Wenn Sie bei der optimalen Haltung außerdem die Beckenbodenmuskulatur anspannen, spüren Sie den Unterschied noch deutlicher.

Einen anderen Versuch können Sie durchführen, indem Sie vom Stuhl aufstehen, einmal ohne und einmal mit angespannter Beckenbodenmuskulatur. Sie werden beobachten, dass das Aufstehen mit angespannter Beckenbodenmuskulatur jegliche Kraftanstrengung erspart.

In der Antike wurde der „os sacrum" (= heiliger Knochen), von uns nur noch profan Becken genannt, auch als Sitz der Seele betrachtet.

Eine gekräftigte Beckenbodenmuskulatur führt nicht nur zur Verbesserung der gesamten Haltemuskulatur, sie beeinflusst auch die Psyche eines Menschen positiv.

Ist diese Muskulatur gut gekräftigt, wirkt sich dies unter anderem auf den ganzen Halteapparat aus. Eine abgeschwächte Beckenbodenmuskulatur wirkt schwerer und der Mensch fühlt sich müde und erschöpft.

Um aus einer Erschöpfung wie auch aus Burn-out oder CFS herauszukommen, brauchen wir unter anderem auch ein ganz gezieltes Beckenbodentraining. Dies gilt sowohl für Frauen als auch für Männer, egal in welchem Alter sie sind.

In einer Erschöpfungsphase ist der Körper zu schwach, um sich aufrecht zu halten, was sehr an den Kräften zehrt. Durch eine Fehlhaltung entsteht eine erhöhte Druckbelastung, vor allem auf die tief liegende Muskulatur der Beckenbodenschicht. Diese Muskulatur ist wie bereits erwähnt hauptsächlich für eine optimale Haltung verantwortlich. Eine längere Belastung führt zur Herabsetzung der noch vorhandenen Kräfte, was in der Folge zu erhöhter Müdigkeit führt. Ist jedoch diese Muskulatur gekräftigt, ist eine optimale Haltung ohne zusätzlichen Kraftaufwand gegeben. Durch den erniedrigten Kraftaufwand steht mehr Energie zur Verfügung, was zu erhöhter Vitalität führt.

Unter anderem ist auch darauf zu achten, dass die Bauchmuskulatur gekräftigt wird. Um „geraden Ganges" zu gehen, ist zudem auf eine gedehnte Brustmuskulatur zu achten. Mit Dehnübungen in diesem Bereich wird gleichzeitig auch die Rückenmuskulatur gekräftigt. Dazu finden Sie einige Übungen im Anhang des Buches.

Trotz der heutigen Aufklärung sprechen viele nicht mit ihrem Arzt oder ihrer Ärztin über Inkontinenz. Bei dieser Beeinträchtigung muss jedoch zunächst eine ärztliche Abklärung gemacht werden, damit der Verdacht auf andere Krankheiten ausgeschlossen werden kann.

Wurde eine Beckenbodenabschwächung diagnostiziert, so ist bei Frauen und Männern das gleiche Training anzuwenden.

> **Ein Beckenbodentraining ohne Berücksichtigung der Rücken- und gesamten Haltemuskulatur führt nicht zum optimalen Erfolg!**

Inkontinenz

ist ein Symptom und keine Krankheit. Grundsätzlich können starke Lachanfälle, große Angst oder Aggressionen zu Harnverlust führen.

Es gibt verschiedene Arten der Inkontinenz.

Stress-/Belastungsinkontinenz

- Die Blase reagiert auf eine Druckveränderung durch Lachen, Husten, Niesen, Aerobic, Bergabgehen, schweres Heben und Tragen, Rennen etc. Wenn der Beckenboden nicht optimal gekräftigt ist, kommt es zu einem vorzeitigen Harnabgang.

Hyperaktive Blase oder Dranginkontinenz (gemischte Inkontinenz)
- Unwillkürlicher Harnabgang ohne Harndrang.
- Ständiger Harndrang, auch wenn die Blase noch nicht ganz voll ist.
- Bevor die Toilette erreicht ist, verliert man Urin oder Stuhl.
- Schmerzen während des Wasserlassens können ebenso eine Begleiterscheinung sein. Die stärkste Form der Inkontinenz ist ein unwillkürlicher Harnabgang in Ruhestellung.

Es können verschiedene Ursachen zu einer Beckenbodenabschwächung führen:
- Bewegungsmangel
- Nährwertmangel
- Keine oder nur wenig Entspannungsfähigkeit
- Gewebeschwäche/Muskelschwäche
- Vorausgegangene Geburten
- Übergewicht
- Überlastung im Alltag durch Heben und Tragen
- Chronischer Husten
- Schlechte Atmung
- Pressen infolge von Verstopfung
- Beckenbodenmuskulatur-Verletzungen
- Seelische Belastungen
- Fehlhaltung/schlechte Haltung
- Hormonelle Veränderungen
- Gebärmutter-Senkung
- Oberflächliche Atmung
- Erschöpfungszustände CFS/Burn-out
- Einnahme von Medikamenten

Eine Operation wegen einer Beckenbodensenkung ist erst angebracht, wenn die konservativen Maßnahmen auch nach mehreren Monaten nicht zur Verbesserung führen. Eine Ausnahme bilden natürlich unerträgliche Situationen. Beim Beckenbodentraining gehören verschiedene Aspekte zusammen.

 Achtung: Nur regelmäßiges Üben führt zu einem dauerhaften Erfolg!

Zum Training dazu gehören außerdem:
- Wahrnehmung (den Körper spüren).
- Kräftigen.
- Lernen sich zu entspannen; dies kann vor allem durch die progressive Muskelentspannung erlernt werden.
- Schutz vor unnötigen Belastungen. Das heißt richtiges Tragen und Heben, rückengerechtes Verhalten im Alltag.
- Integration in den Alltag: ein Training trotz Zeitmangel regelmäßig in den jeweiligen Tagesablauf einbauen.

Ziel und Auswirkungen eines Beckenbodentrainings
- Erlangen eines kräftigen, funktionstüchtigen Beckenbodens
- Harn- und Stuhlabgang geschehen willentlich
- Anzahl der WC-Gänge liegt im Normalbereich
- Bessere Blasenfüllung
- Entlastung durch richtiges Verhalten im Alltag
- In der Nacht maximal einmal aufstehen
- Weniger Rückenschmerzen
- Bessere Körperhaltung
- Bessere Verdauung
- Verbesserte Sexualität
- Besseres Körpergefühl
- Ein gezieltes Beckenbodentraining beruhigt die Blase.

Beckenbodenentlastung
- Rückenschonendes Arbeiten
- Beachten Sie beim Training regelmäßig die Umkehrsituation (Erklärung siehe im Trainingsteil Beckenbodentraining). Dies kann am Morgen z.B. als Frühgymnastik im Bett durchgeführt werden.
- Entspannungsübungen, z.B. nach Jacobson
- Entspannende Bäder mit Heublumenextrakten
- Warme Sitzbäder
- Ab und zu bewusste Bauchatmung
- Viel Singen erhöht die Durchblutung der Organe und Muskeln. Dadurch erhöht sich der Entspannungseffekt, was zu einem Beckenbodentraining gehört.

- Bei Dranginkontinenz eher ein längeres Anspannen üben und die Spannung halten als viele kleine Anspannungen des Beckenbodens, weil dies die Blase eher reizt. Dazwischen doppelt so lange entspannen wie anspannen.
- Trinken Sie viel. Beachten Sie, dass Kaffee, Alkohol, Coca-Cola, Schwarztee, Birnen- und Grapefruitsaft die Wasserausscheidung fördern. Bei Inkontinenz sollten diese Getränke reduziert oder weggelassen werden. Sie sollten auch keine gesüßten Getränke oder Light-Produkte zu sich nehmen. Dafür sollte man verschiedene Kräutertees oder genügend Wasser trinken.
- Achten Sie auf eine optimale Ernährung unterstützt mit Nahrungsergänzungspräparaten

Eine gekräftigte Beckenbodenmuskulatur stärkt die Haltemuskulatur, was mehr Ausstrahlung zur Folge hat. Wiederum hat dies einen positiven Einfluss auf das Selbstbewusstsein.

Die Würde des Beckenbodens

Im Becken und aus dem Becken heraus entsteht werdendes Leben.

Deshalb hat auch der Beckenboden einen enormen Einfluss auf die Würde und Einzigartigkeit des Menschen.

Wer die Scham missachtet, verliert auch ein Stück Ehrfurcht. Die Statistiken zeigen eine deutliche Zunahme von Menschen, die unter schweren Folgeschäden des sexuellen Missbrauches leiden. Dazu benötigen wir verschiedene Therapiemaßnahmen. Es entsteht eine Spirale, die sich nach oben dreht, was sich auch in der Erhöhung der Gesundheitskosten bemerkbar macht.

Ich glaube, nur dann, wenn die Grundwerte des Lebens wie Achtung, Ehrfurcht und Würde wieder ernst genommen und gelebt werden, wird ein Weg aus diesem Dilemma gefunden. Sie fragen sich vielleicht, was die Würde und der eigene Selbstwert mit der Beckenbodenmuskulatur zu tun haben.

Würde hat etwas mit Achtung zu tun. Achtung vor dem Leben heißt, achtsam auch mit dem umzugehen, wodurch das Leben entsteht. Man kann nur mit etwas gut umgehen, wenn man dazu eine gute und positive Beziehung hat. Ignoriert man den Bereich des Beckenbodens aus irgendwelchen Gründen und wertet diesen ab, so führt dies zu einer Disharmonie und Distanz zu sich selbst. Unsere gesamte Persönlichkeit und die eigene Identität des Lebens findet in der „Werkstatt" des Beckenbodens ihren Ursprung. Infolgedessen hat Achtung und Wertschätzung des Lebens, woraus die Würde entspringt, sehr wohl etwas mit unserem Beckenboden zu tun.

Immer wieder hört man im negativen Sinn den Ausspruch „ das ist unter der Gürtellinie". Ich frage mich, wie soll man da der Würde des Lebens Raum schenken, wenn sich darunter die Beckenbodenmuskulatur befindet, worin das Leben entsteht. Wird mit dem negativen Ausspruch nicht auch die Würde des Lebens entwertet? Wenn etwas darunter ist, so ist es unter den Schuhen, wo sich tatsächlich der Schmutz befindet. Man putzt sich nicht umsonst die Schuhe ab, wenn man eine Wohnung betritt. Ich glaube es ist gut, wenn man sich ab und zu auch einmal über den eigenen Sprachgebrauch Gedanken macht, der einen enormen Einfluss auf einen selbst und den Nächsten ausübt. Der Weg zu Vitalität und Lebensfreude umfasst den ganzen Menschen und zeichnet sich in verschiedenen Beziehungen aus.

Mehr Qualität durch Entspannung

Wollen wir vital bleiben, gehört außer Bewegung und Ernährung auch ein ausgewogenes Verhältnis zur Entspannung dazu. Der Mensch ist angelegt auf ein gesundes Gleichgewicht zwischen Belastung und Entlastung.

Heutzutage leben jedoch viele Menschen vermehrt in einer Dauerüberspannung. Entspannung ist für viele fast zum „Fremdwort" geworden. „Warum denn schnell, wenn es auch ohne dieses Wort schnell gehen könnte?", so fragte mich kürzlich unsere Tochter Debora. Ich war regelrecht verblüfft und bin ihr dafür sehr dankbar. Sie hatte mich auf etwas aufmerksam gemacht was wirklich

Stress auslösen kann. Diese Redeweise, wie z.B. „ich muss noch schnell etwas erledigen", gehört sehr oft zur Tagesordnung. Im Wort schnell liegt viel Wahrheit. Es tut gut, wenn man sich von diesem Wort nicht dauernd unter Stress setzen lässt.

Menschen, die dauernd gestresst sind, sind nicht mehr schöpferische, sondern erschöpfte Menschen. Die Lebensenergie mit all ihrer Kreativität wird in erheblichem Maße eingeschränkt.
Im hebräischen Sprachgebrauch findet man einen Sammelbegriff für die Gesundheit im Begriff des Friedens, der alle Bereiche des Lebens umfasst. Darin verbirgt sich geradezu ein tiefes Wohlbefinden, das Körper, Seele und Geist umfasst.
Damit die Batterien wieder aufgeladen werden können, benötigt der Mensch genügend Schlaf. Ausreichender Schlaf ist Entspannung und Erholung zugleich. Während des Schlafs schaltet der gesamte Organismus auf Sparflamme. Dies kann man vergleichen mit den Uhren aus früheren Zeiten. Diese musste man regelmäßig aufziehen, damit sie optimal gelaufen sind. In der heutigen Zeit machen sich immer häufiger Konzentrationsstörungen und Gereiztheit bis hin zu depressiven Verstimmungen bemerkbar. Immer mehr Menschen weisen ein erhebliches Defizit an Schlaf auf. In früheren Zeiten besaßen die Menschen keinen elektrischen Strom. Ganz natürlich ist man nach Son-

nenuntergang ins Bett gegangen und früh morgens mit dem Sonnenaufgang aufgestanden. Dank der Technik geht man heute spät abends ins Bett und muss oftmals früh morgens wieder raus. Kein Wunder, dass viele unter Schlafmangel leiden.

Vielen jungen Müttern und Väter machen die schlaflosen Nächte wegen schreiender Kinder zu schaffen. Dazu empfehle ich Ihnen z.B. das Buch, „Schlaf gut, mein kleiner Schatz", das im Verlag Gerth Medien erschienen ist. In der Regel helfen schon einige praktische Tipps, dass auch Kleinkinder möglichst bald durchschlafen.

Im jüdischen Verständnis beginnt der Tag bereits am Vorabend, wo ausgeruht wird für den nächsten Tag. Es macht den Anschein als hätten die Juden länger Zeit dazu. Nach unserem Verständnis ruhen wir uns von der Arbeit des Tages aus und hoffen, dass die kommende Nacht dazu ausreichend ist, um den nächsten Tag zu bewältigen. In dieser Hinsicht ist es keine schlechte Idee die Denkweise zu verändern. Seitdem ich mich vermehrt mit dem Thema Schlaf und Entspannung beschäftige, denn aufgrund meines damaligen Erschöpfungszustandes mit all ihren Folgen, hatte ich jahrelang unter Schlafstörungen gelitten, habe ich mir viele Dinge zu Eigen gemacht, die mir mehr Leistungsfähigkeit und Spannkraft vermitteln. Unter anderem achte ich auf den Rhythmus meines benötigten Schlafes und gehe dafür in der Regel rechtzeitig ins Bett. Ich achte darauf was ich z.B. im Fernsehen noch anschauen will. In der Regel sitze ich lieber im Wohnzimmer und lese etwas. Dazu höre ich mir gerne beruhigende Musik an. Natürlich verhilft auch regelmäßige Bewegung dazu besser schlafen zu können.

Leere Batterien werden immer wieder aufgeladen. Haben Sie heute schon Ihre Batterien, vorausgesetzt sie sind etwas energielos, aufgeladen? Dazu eine kleine praktische Übung: Genieße den Augenblick.

Das, was Sie jetzt gerade erleben, kommt nie mehr zurück. Wenn man immer an das denkt, wo man z.B. in wenigen Stunden oder Wochen sein will oder sich ständig mit dem Vergangen beschäftigt, rennt man immer dem Augenblick davon.

Genießen Sie jedoch bewusst den Augenblick, so fällt ein Stück Druck dessen, was vor Ihnen liegt sowie der Ballast von gestern für einen Moment weg, was zu einer kurzfristigen Entspannung führt.

Entspannung zwischendurch – lade die Batterien der verbrauchten Energie wieder auf.

Einen Moment der täglichen meditativen Stille trägt im erheblichen Maße zur Lebensqualität bei. Praktisch gesehen kann man bewusst für kurze oder längere Zeit dem Alltagsstress den Rücken kehren. Dies gelingt nicht immer, aber regelmäßige meditative Entspannungspausen erhöhen die Vitalität in Alltag und Beruf. Dazu sucht man sich einen Ort, an dem man nicht gestört wird. Ob zu Hause oder während eines Spaziergangs in der Natur, atmen Sie mal tief durch, versuchen Sie sich auf etwas anderes zu konzentrieren als das, was Sie sonst beschäftigt. Sei dies z.B. ein Gedicht, worüber man fasziniert ist, ein Liedvers oder Abschnitte aus einem Buch, das man gerade liest. Man kann auch mal dasitzen und einfach mal nichts tun, einzig und allein den Blick in die Ferne schweifen lassen und dabei den Naturgeräuschen zuhören. So kann man dem Stress für einen Moment entfliehen, während man sich bewusst auf etwas entspannendes Positives, was auf einen selbst einwirkt, konzentriert. Zur Ruhe zu kommen ist gerade in der heutigen Zeit notwendig. Gäbe es mehr Firmen und Institutionen mit Ruheräumen, wo sich die Mitarbeiter für einige Zeit zurückziehen könnten um zur Entspannung zu kommen, würde sich nicht nur die Produktion um ein Mehrfaches steigern. Solche Unternehmer hätten um ein vielfaches gesündere Mitarbeiter. Sollen Kosten gesenkt werden, so darf nicht mit dem momentanen „Verlust der dafür benötigten Zeit um wieder zur Vitalität zu gelangen" sondern mit dem Gewinn auf die Dauer gerechnet werden.

Sich selbst mehr Zeit zur Ruhe einzuräumen ist die Voraussetzung dafür, dass man sich vermehrt entspannt, wodurch sich die eigene Vitalität erhöht.

So wie ich meine Termine in meinen Kalender eintrage, ist es ebenso wichtig die freien Zeiten einzutragen. Ist man viel beschäftigt, besteht die Gefahr, dass man sich diese wichtige Zeit immer wieder entziehen lässt. Es ist zu überlegen, wo man seine Energie gewinnt oder verliert. Fühlt man sich dauernd gestresst, ist es gut, wenn man selbstkritisch eine Ist-Analyse von sich macht und sich dies auch aufschreibt. Oft sind Stunden und Momente, für die man früher Zeit hatte, vielleicht durch die vermehrte Benützung des Internets oder irgend etwas anderes, das zwar wichtig scheint und doch nicht wichtig ist, einfach verloren gegangen. Ist man willens einiges zu verändern, so erhöht sich der Entspannungsgrad. Damit Sie unterstützt werden Ihr Vorhaben regelmäßig durchzuführen, können Sie auch einen Zettel an Ihre Pinwand hängen mit den Worten „Tägliche Ruhepause", der Sie immer wieder daran erinnert. Obwohl mein Büro mit unserer Wohnung unter einem Dach ist, habe ich mich entschlossen, dass ich es an meinen freien Tagen kaum betrete. Falls man Mühe hat mit solch einer Regelung, hängt man einen Zettel an die Tür, auf dem „Heute ist Ruhetag" steht, so wie viele Gasthäuser es ebenfalls tun. Gönnen Sie sich die Ruhe und genießen Sie sie.

„Wo der Sonntag stirbt, da stirbt die Seele". Da ist etwas Wahres dran. In der Regel benötigt jeder Mensch eine Auszeit, an die man sich wöchentlich halten sollte. Mein Mann und ich sind sehr oft unterwegs und es ist nicht immer möglich, einen regelmäßigen Rhythmus von Ruhe und Arbeit einzuhalten. Ob ich nun alleine oder mit meinem Mann unterwegs bin, räumen wir uns spezielle freie Zeiten ein. Oftmals genügen schon einige kurze Stunden der Erholung um wieder fit zu werden. Es kann sein, dass wir während einer längeren Autofahrt irgendwo anhalten und spazieren gehen oder einen Stadtbummel unternehmen, verbunden mit einem Essen in einem schönen Restaurant, oder ganz einfach einem Besuch in einem Café. Zur Entspannung gehört, dass man etwas macht, worüber man sich besonders freut, etwas, das der Seele gut tut. Dies kann auch bedeuten, dass man sich endlich eine lang ersehnte Lektüre vornimmt oder sich an einem Konzertbesuch erfreut, etc. Das Loslassen meiner täglichen Arbeit fällt mir nicht leicht, da ich meinen Beruf sehr liebe.

Ich ertappe mich oft dabei, dass ich mich während meiner freien Zeit über die Arbeit unterhalte. Dies kann ebenso belastend sein wie wenn ich das Büro an freien Tagen benütze. Ich bin meinem Mann sehr dankbar, wenn er in gewissen Situationen immer wieder sagt, es gibt doch viele andere Themen, außer sich über die Arbeit zu unterhalten. Lernen ist ein Prozess. Wenn wir gewillt sind etwas zu verändern, so funktioniert dies, wenn es auch nur mit kleinen Schritten vorwärts geht. Nicht vergessen: „viele kleine Schritte führen zum Ziel".

Nicht immer muss man warten bis der lang ersehnte Urlaub kommt. Gönnen Sie sich doch auch mal ein verlängertes Wochenende zwischendurch in einem schönen Hotel in Ihrer Nähe. Ist der Anfahrtsweg nicht weit, hat man mehr Zeit zur Erholung. Die Qualität ist entscheidend. Man muss dazu nicht immer in die Ferne fliegen. Von den zwölf Monaten im Jahr ist der Dezember trotz der schönen Adventszeit für viele der Stress des Jahres. Sportlich gesehen führt ein schlechter Start in der Regel zum Verlust der Zeit. Rennen wohl so viele Menschen das ganze Jahr über der Zeit nach, weil sie erschöpft – sprich mit einem schlechten Start – ins Neue Jahr gehen?

Nicht vergessen: „viele kleine Schritte führen zum Ziel".

Mein Mann und ich haben etwas im Dezember entdeckt, das ich an dieser Stelle gerne weitergebe. Sind die Kinder erwachsen und „ausgeflogen", eignet sich dieser Monat besonders gut dazu, sich selbst zu verwöhnen. Auffallend wenige Personen planen ihren Urlaub Mitte Dezember. Z. B. bringt der Besuch in einem Wellnesshotel viele Vorteile. Erstens, ist das Hotel nicht überfüllt, Zweitens ist Nebensaison und daher ist es um einiges billiger als sonst. Drittens entgehen Sie dem vorweihnachtlichen Stress. Man kann doch den Monat auch mal anders gestalten als viel zu backen und zu putzen. Will man an Weihnachten doch nicht auf die Geschenke verzichten, so könnte man auch mal wichteln. Jeder, der an Weihnachten mit von der Partie ist, erhält im Laufe des Spätherbstes ein Los mit einem Namen darauf. Somit erhält jeder Teilnehmer nur ein Geschenk und darf auch nur ein Geschenk an die jeweilige Person geben, welche auf dem gezogenen Los erwähnt ist. Das Spannende an der Geschichte ist, keiner sollte bis Weihnachten erfahren wer sein Wichtel ist. Eine schöne und entspannende Sache. Statt der vielen Geschenke könnte man auch eine Spende an ein Hilfswerk machen, usw. Auch Kindern muss man nicht immer viele Geschenke machen. Sie können ohnehin nicht mit allem auf einmal spielen.

Entspannt zu leben ist in der heutigen Zeit keine leichte Aufgabe. Wir sollten es uns wert sein, dass wir uns die Zeit zur Entspannung einräumen. Machen wir sie uns doch zu Nutze, bevor man eine längere Auszeit benötigt, die man vielfach nicht einhalten kann, sei dies aus beruflichen, finanziellen oder familiären Gründen. Sind die erwähnten Gründe umgänglich, sollte man sich wegen einer längeren Auszeit kein schlechtes Gewissen machen. Im Gegenteil sollte man sich daran erfreuen und sich in solch einem Fall die Muße geben wieder zu neuen Kräften zu kommen. Sich einer Daueranspannung entgegenzusetzen bedeutet, dass man sich entscheiden muss, wie man sich verhalten will. Dies ist nicht nur eine Entscheidung aus dem Bauch heraus, die das Gefühl betrifft, sondern es ist eine Willensentscheidung, die im Kopf beginnt.

Vitalität bis ins hohe Alter

Wie bereits erwähnt ist die Herzmuskulatur eines Trainierten kräftiger als die eines untrainierten Menschen. Das bedeutet eine generelle Herabsetzung der Anzahl von Herz-Schlägen pro Minute. Das heißt, eine gekräftigte Herzmuskulatur muss bei weitem nicht so viel arbeiten wie bei einem Untrainierten, dessen Anzahl der Schläge pro Minute weitaus höher ist.

Ein Beispiel:
Eine untrainierte Person hat 80 Schläge gegenüber einer trainierten mit einem durchschnittlichen Schlagvolumen von 60 Schlägen pro Minute. Das ergibt eine Ersparnis von 20 Schlägen pro Minute, was bereits eine Ersparnis von 1.200 Schlägen pro Stunde ausmacht.

In vierundzwanzig Stunden werden bereits 28.800 Schläge eingespart, was auf ein Jahr eine Summe von 10.512.000 Schlägen ergibt. Bei Erreichen von siebzig Jahren würde dies eine Ersparnis von 735.840.000 Schlägen ergeben.

Wir sollten es uns wert sein, dass wir uns die Zeit zur Entspannung einräumen.

Die Rechnung ist einfach: eine trainierte Person gegenüber einer untrainierten erspart sich bei der oben aufgestellten Rechnung über 735 Millionen Herzschläge in 70 Jahren – eine beträchtliche Zahl.

Befindet man sich in einer Stresssituation, so arbeitet das Herz-Kreislauf-System auf Hochtouren. In solch einer Phase muss die Herzmuskulatur mit mehr Blut versorgt werden, wodurch sich das Schlagvolumen erhöht, ungeachtet dessen, ob jemand gut oder schlecht trainiert ist. Jedoch bringt eine untrainierte Person für diesen Veränderungsprozess wesentlich schlechtere Voraussetzungen mit als jemand, der regelmäßig trainiert. Das bedeutet, dass eine trainierte Person besser vor einem Herzversagen geschützt ist als ein Untrainierter.

Früher gab es wesentlich weniger Herz-Kreislauf-Tote zu beklagen, da die Menschen grundsätzlich besser trainiert waren als heutzutage. Viele Stressbelastungen konnte man in früheren Zeiten bereits auf dem Weg zur Arbeit bewältigen, hatte man zur damaligen Zeit ja keine andere Möglichkeit als alles zu Fuß zurückzulegen. Im Satz „zu Fuß zurücklegen" liegt bildlich gesehen ein Stück Vergangenheit. Nicht verwunderlich, dass viele Stressbelastungen besser verarbeiten werden konnten indem man vorwärts marschiert ist. Meine Schwiegermutter sagte, in ihrem Dorf sei es keine Seltenheit gewesen, dass viele Personen täglich vier Stunden Fußmarsch auf sich nahmen um zur täglichen Arbeit zu gehen. Zudem stand man meistens noch am Arbeitsplatz. In den westlichen Ländern erleben wir genau das Gegenteil.

Regelmäßiges Ausdauertraining von Kindesbeinen an bis ins hohe Alter führt zu einer massiv höheren Leistungsfähigkeit, gegenüber denjenigen, die sich zu wenig bewegen. Die höchste Ausdauer-Leistungsfähigkeit im Leben weist jeder Mensch zwischen 25 und 35 Jahren auf. Jedoch nicht alle erreichen ihr Maximum, denn die Durchführung eines regelmäßigen Ausdauertrainings ist die Voraussetzung dafür, sprich mehr Bewegung. So erreicht jemand, der regelmäßig trainiert, zwischen 25 und 35 Jahren die maximale Ausdauerfähigkeit von 100 %. Bleibt diese Person dem Training bis ins hohe Alter treu, so kann man bei Erreichen des 70. Lebensjahres noch eine fünfzigprozentige Aus-

Viele Stressbelastungen konnte man in früheren Zeiten bereits auf dem Weg zur Arbeit bewältigen, hatte man zur damaligen Zeit ja keine andere Möglichkeit als alles zu Fuß zurückzulegen.

dauerleistungsfähigkeit erreichen. Dies ist beachtlich gegenüber den Personengruppen, die sich zu wenig bewegen. Diese
weisen im Alter zwischen 25 und 35 Jahren nur noch eine Leistungsfähigkeit von maximal 50 % auf, so viel also wie ein trai-
nierter 70-Jähriger. Erreichen solche Menschen das siebzigste
Lebensjahr, so beträgt die maximale Ausdauerleistungsfähigkeit
nur noch 20%. Dies sind keine guten Aussichten.

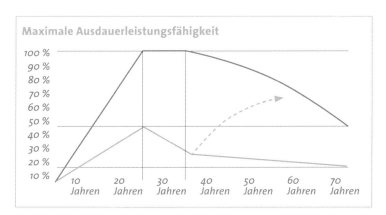

Die Menschen werden heutzutage immer älter. Die Frage stellt
sich jedoch, wie wir älter werden. Dem Leistungsabfall im Alter
kann durch keine andere Therapie besser entgegengewirkt werden als durch ein regelmäßiges Training, das alle Bereiche des
Lebens umfasst: Körper, Seele und Geist. Körperlich bezieht sich
das auf ein moderates Ausdauertraining.

Es besteht Hoffnung

Auch wenn Sie sich in jüngeren Jahren zu wenig bewegt haben,
bedeutet das noch lange nicht, dass dies so bleiben muss, denn
es besteht Hoffnung auf Veränderung! Je früher Sie mit einem
regelmäßigen Ausdauertraining beginnen, egal in welchem Alter Sie sind, desto eher erhalten Sie Ihre Ausdauerleistungsfähigkeit zurück.

Es ist nie zu spät um anzufangen, auch wenn Sie schon älter
sind. Es lohnt sich. Es wird sich immer lohnen. Die allgemeine
Leistungsfähigkeit wird sich verbessern durch ein regelmäßiges
Training, das individuell auf jede einzelne Person abgestimmt

ist. Einige Anregungen dafür habe ich im vorliegenden Buch verfasst.

Wer regelmäßig seine Vitalität trainiert, hat mehr vom Leben.

In physiologischer Hinsicht wird unter anderem

- der Stoffwechsel positiv beeinflusst
- das Herz-Kreislauf-System reguliert
- die Kapillarisierung erhöht (kleinste Blutgefäße), was
- die Sauerstoffaufnahme erhöht, die zu
- mehr Energie führt.

Trainingseffekt

- Grundlagenausdauer
- Kraftausdauer

Was mich jedoch am meisten fasziniert, sind die psychischen Faktoren, die einen positiven Einfluss auf einen Menschen ausüben, wenn man sich regelmäßig ein Ausdauertraining gönnt.

Die physiologischen Auswirkungen eines regelmäßigen Ausdauertrainings führen zu

- erhöhter Willenspannkraft
- mehr Durchhaltevermögen
- gesteigerter Überwindungskraft

Dies sind Eigenschaften, die wir gerade in der heutigen Zeit dringend benötigen, uns jedoch durch den Mangel an Bewegung mehr und mehr verloren gehen. Wenn die Bewegungsarmut nicht bekämpft wird, so leidet nicht nur der einzelne, der die Folgen mit sich trägt. Es hat Auswirkungen auf die gesamte Gesellschaft. Denn die oben erwähnten Eigenschaften werden in Beruf und Alltag benötigt.

Ich bin überzeugt, wenn die Grundwerte im Leben wieder ins rechte Licht gerückt werden und die Menschen erkennen, dass der Wert unserer Persönlichkeit nicht in erster Linie von der Leistung abhängig ist, sondern von dem, was wir eigentlich sind, kann eine Veränderung zur Gesundheitsförderung erreicht werden.

Der Weg zur Vitalität und Lebensfreude wird umgesetzt, wenn wir erkennen, dass jeder Mensch einzigartig und deshalb auch WERTVOLL ist.

Rundum vital

Um Langzeitschäden vorzubeugen, die in den vorangegangenen Kapiteln bereits erwähnt wurden, ist ein regelmäßiges Fitness- und Gesundheitsprogramm von entscheidender Bedeutung.

Ich empfehle Ihnen außer einigen Übungen, die man im Alltag einbauen kann, ein wöchentliches regelmäßiges Ausdauertraining von drei- bis viermal 20 bis 40 Minuten zu absolvieren. Wenn Sie weniger Zeit haben, drehen Sie wenigstens jeden Tag Ihre Runden: 10 Minuten einen flotten Spaziergang machen und Sie fühlen sich bereits viel wohler. Führen Sie einfach ein Training durch, das Ihnen Spaß macht. Dies kann Joggelen, Joggen, Nordic Walking, Inlineskating oder Gymnastik sein.

Wenn Sie ein regelmäßiges Training durchführen, ist es ratsam, sich einem regelmäßigen ärztlichen Check zu unterziehen. Unerkannte Ursachen können bei hoher körperlicher Intensität zu Problemen führen. Durch ein Belastungs-EKG werden gesundheitliche Gefahren rechtzeitig erkannt.

Das Wandern ist des Müllers Lust

So heißt es in einem traditionellen Volkslied.

Laut einer Umfrage ist Wandern wieder in. Während Wandern eine längere Zeit eher als spießig betrachtet wurde, packen die Leute heute wieder ihren Rucksack und genießen wandernd Natur, Land und Leute. Wandern entwickelt sich zur Trendsportart und so ist es nicht verwunderlich, dass Trendforscher dieser Sportart angesichts des stetig wachsenden Konsums und der Technologie ein Wachstum prognostizieren.

Wandertouren sind vor allem bei Menschen ab dem 30. Lebensjahr sehr beliebt geworden. Selbst die Modewelt trägt ihren Teil mit moderner und pfiffiger Trekking-Bekleidung dazu bei. Man läuft nicht mehr wie in früheren Zeiten mit roten Kniestrümpfen, Knickerbockern und schweren Nagelschuhen durch die Landschaft.

Immer mehr Menschen wollen die Natur genießen und erleben. Im Grunde genommen ist Wandern eine einfache Sache und weder aufwändig noch kostspielig. Es benötigt jedoch Zeit.

Naturerlebnisse haben einen hohen und speziellen Erholungswert. Dies kann man bereits entdecken, wenn man eine Halbtagestour macht. Dabei zählt nicht die Leistung, sondern das persönliche Wohlbefinden. Wandern Sie, um sich wohl zu fühlen, denn gemütliches Wandern tut der Seele gut. Im Gegensatz zum hektischen Berufsleben oder einer schnellen Sportart wird eine solche Zeit wieder bewusster erlebt, weil das gemütliche Gehen etwas Besonderes ist.

Eine wichtige Rolle spielt auch der soziale Kontakt. In der Regel wandert man zu zweit, in der Familie oder in Gruppen. Falls man einen Hund hat, ist dieser sicher mit von der Partie. Beim Wandern haben wir Zeit, uns etwas von der Seele zu reden und Kontakte zu pflegen, und das wirkt dem heutigen Verlust an sozialem Gefüge entgegen.

Wandern ist auch eine der besten Tätigkeiten, um Fett abzubauen. Durchschnittlich werden laut Sportmediziner Beat Villiger, Olympia-Arzt vom Swiss Alpine Medical Center in Bad Ragaz,

Wandern ist eine sanfte Sportart. Das Herz-Kreislauf-System, die Organe und die Muskeln werden durch eine niedrige gleichmäßige moderate Intensität positiv beeinflusst. Die regelmäßige leichte Druckbelastung wirkt sich auf die Gelenke positiv aus und außer beim Bergabgehen werden sie geschont.

Bis zu dreißig Prozent werden durch den Gebrauch von Wanderstöcken die Belastungen auf die Beine und auf den gesamten Bewegungsapparat reduziert. Deshalb sollte jeder Wanderer davon Gebrauch machen. Diese sollten nicht mit den speziellen Nordic Walking-Stöcken verwechselt werden. Wander- oder Trekkingstöcke haben eine höhere Stabilität und sind ausziehbar. So können sie an den Rucksack gebunden und ohne Aufwand mitgenommen werden.

Eine Wandertour kann für Alt und Jung zum Erfolgserlebnis werden, wenn Sie Folgendes beachten:

- Bereiten Sie sich gut vor.
- Anfänger sollten zu Hause ein regelmäßiges Ausdauertraining drei- bis viermal pro Woche durchführen.
- Je schlechter die Kondition, desto kürzer muss die Strecke gewählt werden.
- Legen Sie sich eine Wanderkarte für die gewählte Tour zu. Wollen Sie eine längere Wanderung machen, beachten Sie dabei, wie weit die jeweiligen Raststellen oder Schutzhütten auseinander liegen.

- Da es in den Bergen oft schnell kühl werden kann, sollte außer einer warmen Jacke auch ein Regenschutz eingepackt werden. Sonnenbrille, Kopfbedeckung, Sonnenschutz, Taschenmesser, sowie eine kleine Reiseapotheke, evtl. eine Taschenlampe und ein Handy sollten für alle Fälle in jedem Rucksack Platz haben. Achtung, der Empfang eines Handys ist ab einer gewissen Höhe sowie in engen Bergtälern nicht mehr gewährleistet.
- Für leichte Wanderungen genügen gute Trekkingschuhe. Wollen Sie jedoch ins Gebirge, so gehören feste Wanderschuhe zu den wichtigsten Dingen des Wanderers. Wenn Sie neue Schuhe kaufen, laufen Sie diese zu Hause ein. Wandersocken leiten die Feuchtigkeit ab und halten den Fuß trocken, dadurch wird eine Blasenbildung verhindert.
- Brechen Sie so früh wie möglich auf, vor allem, wenn es ein sehr warmer Tag werden soll. Wenn Sie vor Sonnenaufgang losgehen, können Sie dieses besondere zusätzliche Naturschauspiel erleben.
- Trinken Sie viel. Besonders geeignet ist z.B. Lindenblütentee mit Zitrone. Sie können aber auch einfaches Wasser trinken.
- Ca. alle zwei Stunden sollten Sie rasten und eine Kleinigkeit zu sich nehmen wie Apfel, Müsliriegel oder ein Sandwich.
- Eine besonders belebende Wirkung hat es, wenn Sie Ihre Arme zwischendurch in kalten Bergbächen oder Brunnen baden.
- Wenn Sie Ihre Füße in kaltes Wasser tauchen wollen, sollten Sie dies erst nach dem Wandern tun. Ansonsten könnten sich Blasen bilden. Wenn Sie eine mehrtägige Wanderung machen, sollten Sie so lange wie möglich die gleichen Socken tragen, ebenfalls um Blasenbildung vorzubeugen.
- Wenn Sie Ihr Ziel erreicht haben, sollten Sie sich eine warme Jacke überziehen. Tauschen Sie das verschwitzte T-Shirt gegen ein trockenes aus.
- Informieren Sie sich vorher über die Wetterlage. Trotz guter Information kann es sein, dass sich der Wetterbericht getäuscht hat und Sie z.B. in ein Gewitter geraten.

In den Bergen können diese sehr schnell aufziehen. Suchen Sie keinen Unterschlupf unter Bäumen, schon gar nicht unter einzeln stehenden. Legen Sie zuerst Ihre Wanderstöcke weg, denn Metall zieht Blitze an. So seltsam es Ihnen erscheinen mag, legen Sie sich auf eine Wiese, rollen Sie sich zusammen und warten Sie, bis das Gewitter vorbei ist.

- Falls Sie Muskelkater vom Wandern bekommen haben, kann ein warmes Bad Wunder vollbringen.

Walking, die natürlichste Art sich fortzubewegen

Grundsätzlich ist Walking eine natürliche Art, sich ein wenig flotter als üblich mit schwingenden Armen fortzubewegen.

Im Gesundheitssport unterscheidet man drei verschiedene Arten einer flotten Gangart. Die vierte Möglichkeit ist die der Geher.

Das besondere am Geh- oder Lauftraining ist, dass man es überall und zu jeder Zeit durchführen kann. Wenn es draußen stürmt und schneit, können Sie sogar zu Hause am Platz laufen. Mit Musik macht dies doppelt Spaß. Lassen Sie Ihre Lieblingsmusik laufen und schon geht's los.

Rund um die Schuhe

Außer einer der Temperatur angemessenen Kleidung wird für alle Sportarten ein guter Laufoder ein leichter Trekkingschuh benötigt. Wer viel in Räumen turnt, sollte sich Aerobicschuhe kaufen. Dies ist besonders wichtig für Ihre Gelenke, weil diese Schuhe gut durch Gel, Luftkissen etc. abfedern.

Ich empfehle für Walking und Nordic Walking das Tragen eines Trekkingschuhs, da dieser für das oft unwegsame Gelände ideal ist. Ein MBT-Schuh (Massai Barfuß Technologie) ist für Nordic Walking nicht geeignet. Zum Joggen sollten Sie einen Laufschuh tragen; er ist leichter als ein Trekkingschuh und mit einer höheren Dämpfung ausgestattet. Lassen Sie sich dazu in Ihrem Sport-Fachgeschäft beraten.

Bei sehr kaltem Wetter sollte man außer Handschuhen auch ein Stirnband oder eine Mütze tragen.

Verschiedene Phasen des Walkens
1. Phase:
Ausgangsposition:
- Aufrecht gehen
- Brustbein leicht heben, jedoch kein überstarkes Hohlkreuz
- Leichte Vorlage
- Schultern fallen lassen

Falsch: Kein Passgang

Falsch: Schultern nicht hoch ziehen

Bewegung:
- Großer Schritt
- Arme mitschwingen. Achtung, dies kann am Anfang bei vielen zum Passgang führen.

Die Arme passen sich immer der Schrittlänge der Beine an. Mit langem Hebelarm (die Arme sind leicht gestreckt) ist der Schritt automatisch größer. Sie brauchen nicht so große Schritte zu machen, dass Ihr Gang unnatürlich aussieht.

Ihr Nutzen:
Durch den großen Schritt wird die Beinmuskulatur gedehnt und gekräftigt.
Die Gesäß- und Bauchmuskulatur kräftigt sich.

Werden die Schultern fallen gelassen und mitgeschwungen, entsteht eine Dehnung im Hals-Nackenbereich. Gleichzeitig wird die Rückenmuskulatur kräftiger.

2. Phase:
Bei dieser Phase geht es hauptsächlich darum, die Hals-Nackenmuskulatur zu lockern. Diese wird viel intensiver und weicher bewegt als in Phase 1.

Ausgangsposition:
- Arme im rechten Winkel
- Aufrecht gehen
- Brustbein leicht heben, jedoch kein überstarkes Hohlkreuz
- Leichte Vorlage
- Schultern fallen lassen

Bewegung:
Achtung: kurzer Hebelarm (Arme im rechten Winkel), die Schrittlänge ist kürzer, da sich diese automatisch den Armen anpasst. Versuchen Sie nicht, extra große Schritte zu machen. Gehen Sie ganz natürlich und lassen Sie die Arme locker, wie sich eine Schaukel hin und her bewegt, im Geh-Rhythmus mitschwingen.

3. Phase:

Diese Phase ist nur für Geübte und solche geeignet, die keine Rückenbeschwerden (insbesondere Hexenschuss oder Ischiasprobleme) haben.

Ausgangsposition ist dieselbe wie in Phase 2.
Jedoch spannt man während des Gehens die Gesäß- sowie die Armmuskeln an. Wenn man Fitness mit Spaß und Humor betreibt, kann man zudem über den lustigen Gang lachen.
Achten Sie besonders in dieser Phase auf eine leichte Vorlage.

Joggeln Sie doch mal durch die Gegend

Dies ist eine tolle Sportart, die Ihnen hilft, schon am frühen Morgen fit zu werden.
Joggeln heißt nicht Joggen. Diese Art der Fortbewegung kann sowohl in einer leichten Version, A-Version genannt, als auch in einer intensiveren Version, die sich B-Version nennt, durchgeführt werden.

Die Ausgangsposition sowohl für die A- als auch für die B-Version ist wie beim Walking Phase 2.
- Arme sind im rechten Winkel
- Schultern fallen lassen
- Brustbein leicht heben

A-Version

Machen Sie ganz kleine Schritte und rollen Sie von der Ferse an nach vorne ab. Ziehen Sie die Beine ganz locker nach vorne. Schwingen Sie die Arme ebenso locker im rechten Winkel mit. Kein Hüpfen.

B-Version

Die Schritte bleiben klein wie auch bei der A-Version, Sie hüpfen jedoch ganz leicht joggend. Die Arme werden ganz locker fallen gelassen und gut mitgeschwungen.

Joggen – trotz Walking immer noch in

Wenn Sie Anfänger sind, laufen Sie anfangs kürzere Abschnitte schnell und legen abwechslungsweise leichtes Joggen und wieder Gehpausen ein.

Je nach Schnelligkeit – Joggen bis zum schnellen Laufen – hat man eine höhere Belastung der Gelenke. Diese liegt zwischen dem drei- bis fünffachen Körpergewicht.

Übergewichtige oder Personen mit Gelenkproblemen oder starken Fehlhaltungen sollten deshalb Walking, A-Version-Joggeln, Nordic Walking, Radfahren oder Wassergymnastik bevorzugen. Die Gelenke könnten sonst zu stark belastet werden, was zu Entzündungen und Knorpelschäden führen kann.

Wird das Joggen falsch ausgeführt, wird der ganze Halteapparat belastet; deshalb achten Sie beim Joggen bitte auf die richtige Haltung.

So joggen Sie richtig:

- Arme sind im rechten Winkel
- Schultern fallen lassen
- Brustbein leicht heben
- Leichte Vorlage
- Über den Mittelfuß abrollen

Um das Joggen richtig zu lernen, können Sie auch öfter mal einige der folgenden Übungen versuchen:

1. Übung

Stellen Sie sich vor, Sie würden eine Treppe hochsteigen, jedoch steigen Sie von oben auf die Stufe. Dazu sollten Sie die Hüfte leicht nach oben ziehen.

Nun werden die Knie hochgezogen, dazu werden kleine und schnelle Schritte durchgeführt. Dies nennt man in der Fachsprache Skippingbewegung.

2. Übung

Springen Sie mit langen und hohen Schritten, so wie wenn jemand kurz vor der Sandgrube in der Leichtathletik einen Dreisprung versucht. Achten Sie darauf, dass Sie während der Übung nach oben und vorne springen.

Wenn Sie diese Übungen immer wieder durchführen – Sie sollten aber vorher aufgewärmt sein – wird sich Ihr Laufstil positiv verändern.

Nordic Walking

Diese Sportart ist eine gute Ergänzung zum herkömmlichen Walking, aber auch eine neue Möglichkeit sich fortzubewegen! Mit Nordic Walking können Sie sich in angenehmer Art und Weise bewegen und die Natur in jeder Jahreszeit genießen.

Bereits in den 50er Jahren haben die finnischen Skilangläufer Nordic Walking ins Sommertraining mit eingebaut. Man entdeckte, dass durch das Benutzen verschiedener Stocklängen eine unterschiedliche Trainingsbelastung bewirkt wurde. Die damals verwendeten Alustöcke führten jedoch immer wieder zu verschiedenen Beschwerden dieser Sportler, vor allem im Schulterbereich. Inzwischen weiß man, dass man das richtige Material aus Glasfasern und Karbon verwenden muss, um alle Nachteile zu beseitigen.

Nordic Walking wurde im Frühjahr 1997 erstmals in Finnland der Öffentlichkeit offiziell als eigenständige Sportart vorgestellt, was zu einem schnellen und stetigen Wachstum des Bekanntheitsgrads führte. Das Gehen mit zwei Stöcken wurde in Finnland bereits im Jahr 2000 dem Joggen vorgezogen und ca. eine Million Finnen liefen mit den Stöcken durch die Gegend. So gelangte die neue Sportart über Skandinavien, die USA und Japan nach Mitteleuropa. Inzwischen erfreut sich diese Sportart einer großen und wachsenden Beliebtheit.

Diese Sportart ist für jedermann geeignet, da Nordic Walking die Stütz- und Gleichgewichtsfunktion positiv beeinflusst. Die Intensität sollte der eigenen körperlichen Verfassung individuell angepasst werden.

Positive Auswirkungen des Nordic Walking auf den gesamten Menschen

- Richtig benutzt bringen die Stöcke Lockerheit für die Nacken- und Schultergürtelmuskulatur und haben gleichzeitig einen stärkenden und kräftigenden Einfluss auf die Arm- und Rückenmuskulatur.
- Durch die Druckbelastung verbessert sich die Belastbarkeit und Elastizität der Knochenstruktur.
- Verbesserter Schutz für die Gelenke, da Bandscheiben und Knorpel durch die An- und Entspannung besser ernährt werden.
- Die ausgeführten Schritte sind weicher, wodurch Knie und Hüfte entlastet werden.
- Schlecht trainierte Gesäßmuskeln werden gekräftigt, was insbesondere wiederum die Beckenbodenmuskulatur kräftigt.
- Für Übergewichtige eignet sich die neue Trainingsart ebenfalls gut. Sie ist stoffwechselfördernd und hat einen effizienten Fettverbrennungseffekt. Nach wissenschaftlichen Studien ist Nordic Walking dreißig bis vierzig Prozent intensiver als herkömmliches Walking, ohne dass dies so empfunden wird. Es bedeutet eine angenehme Art von vermehrter Anstrengung.
- Größere Leistungsfähigkeit durch Erhöhung des Lungenvolumens.
- Bessere Sauerstoffversorgung, was die Vermehrung der roten Blutkörperchen fördert und damit die Leistungsfähigkeit erhöht.
- Das Koordinationsvermögen steigert sich.
- Positiver Einfluss auf das vegetative Nervensystem.
- Intensivere Körperwahrnehmung.
- Die Stöcke geben mehr Sicherheit beim Gehen, daher ist diese Sportart auch für gebrechliche und ältere Personen geeignet.

Wie wir feststellen können, bringt die ganzheitliche Trainingsart Nordic Walking viele Vorteile mit sich.

Ob Ihnen die neue Sportart gefällt oder nicht, versuchen Sie es doch einfach einmal. Zunächst könnten Sie es mit Skistöcken versuchen, jedoch sollten Sie sie keinesfalls eine längere Zeit benutzen. Skistöcke sind zu lang und zu hart, was zu Verspannungen im Nacken- und Schulterbereich führt. Dazu fehlen auch der spezielle Handgriff und die elastischen Eigenschaften der optimalen Walking-Stöcke.

Es gibt einige wichtige Faktoren, die man am Anfang des Lernens von Nordic Walking berücksichtigen muss, damit das erwünschte Trainingsresultat erreicht werden kann.

Welche Höhe sollten die Stöcke haben?

Die Faustregel lautet: Das Stockende soll so hoch sein wie man den Griff mit rechtwinklig angelegten Armen hält. Errechnen Sie die Stockhöhe bitte nicht anhand Ihrer Körpergröße, da Rumpf- und Beinhöhe bei jeder Person anders sind.

Beim Probieren der Stocklänge sollten Sie auf eine optimale Haltung achten:
- Schultern fallen lassen
- Brustbein ist leicht gehoben

Falls Sie starke Hals-Nackenbeschwerden haben, kann die Stocklänge anfangs etwas kürzer sein. Hierzu eignen sich besonders verstellbare Stöcke. Diese haben aber wiederum den Nachteil, dass sie nicht genauso gut abfedern wie ein durchgehender Stock ohne Unterbrechung. Die speziellen Handschlaufen helfen, dass der Stock optimal und leicht losgelassen werden kann, während der Arm nach hinten geführt wird, dies unterstützt die Lockerung der Hals-Nackenmuskulatur.

Die Lauftechnik

- Um die Technik zu lernen, sollten Sie am Anfang so gehen wie bei der 1. Phase des Walkings: Die Arme locker gestreckt schwingen lassen, Stöcke loslassen und die Stöcke nachziehen.
- Während des Gehens halten Sie die Stöcke und versuchen Sie diese maximal auf Fersenhöhe einzustecken.
- Die Arme jeweils nach hinten ziehen.
- Lassen Sie den Stock ganz leicht los, während Sie den Arm leicht nach hinten schwingen.
- Machen Sie große, jedoch nicht allzu große Schritte. Dies ist besonders wichtig, wenn Sie Rückenprobleme haben. Achten Sie auf eine leichte Vorlage und dass der Kopf in der Verlängerung der Wirbelsäule bleibt. Den Stock nicht vorne einstecken, kein Hohlkreuz machen, nicht in den Lendenbereich ziehen.
- Achten Sie darauf, dass Sie mit dem ganzen Fuß abrollen.

Um die verschiedenen Sportarten zu erlernen, besuchen Sie doch mal ein Seminar im Seminar-Zentrum von Siegenthaler Vital.

Gehen am Berg

Bereits am frühen Morgen, wenn die Sonne aufgeht, oder am Abend bei Vollmond eine Wanderung zu unternehmen, gibt dieser Sportart einen besonderen Reiz.

Berg hoch

1. Vorlage, der Kopf bleibt in der Verlängerung der Wirbelsäule.
2. Der Fuß wird über die Ferse ganz abgerollt.
3. Stützen Sie sich leicht mit dem Stock ab.

Intensives Bauchmuskeltraining mit Stöcken

Um speziell die Bauchmuskulatur zu trainieren, kann man mit beiden Stöcken gleichzeitig vorne einstecken und sich wie in einem V-Schritt, ähnlich wie beim Langlauftraining, nach oben bewegen. Dabei ist die Grundhaltung zu beachten: Vorlage, Brustbein gehoben, Schultern fallen lassen, Kopf bleibt in der Verlängerung der Wirbelsäule.

Den Berg hinunter

1. Leichte Sitzvorhaltung einnehmen.
2. Die Stöcke auf Fersenhöhe abstellen.
3. Die Gewichtsverteilung verläuft vom Fuß über die Ferse nach vorne.
4. Stützen Sie sich an den Stöcken ab.

Fortgeschrittene können mit kleinen Schritten, ähnlich wie beim Skilaufen im Slalom, den Berg hinunterrennen.

Toms Stepp

nennt sich eine spezielle Nordic Walking-Art.
Ein spezielles und intensives Konditionstraining mit Stöcken. Entdeckt von Thomas Schaltegger, ehemaliger Student unserer Ausbildung.

- Dieser Schritt eignet sich speziell für Fortgeschrittene.
- Er ist nicht für Menschen mit Rückenbeschwerden geeignet.

Toms Stepp – ein Schritt, der zu einer neuen Leichtigkeit des Nordic Walking verhilft.
Dieser Schritt ist in uns allen als Bewegungsmuster gespeichert. Als Kinder haben wir uns hüpfend fortbewegt – meistens in einer Phase von Glück und Zufriedenheit. Jetzt wieder mit diesem Hopserlauf durch die Landschaft zu hüpfen, löst daher unvermittelt Wohlbefinden in uns aus. Man fühlt sich gut und locker – und die Mitmenschen werden mit einem Lächeln angesteckt.
Der Körper wird durch den Stockeinsatz während der Hüpfphase, ähnlich wie beim Trampolinspringen, in der Luft entlastet. Um die Intensität zu steigern, könnten die Nordic Walking-Stöcke etwas länger sein.

Dieser lockere Hüpfschritt verlockt zu verschiedenen Hüpfvarianten. Man kann seiner eigenen Fantasie freien Lauf lassen, zum Spielen, ja zu tänzerischen Fortbewegungen und zu weiteren

Spielformen. Die Stöcke werden zum Spielgerät und haben eine wichtige koordinative Rolle.

Hüpfen gerade   *Hüpfen mit überkreuzten Beinen*

So wird's gemacht. Viel Vergnügen!

Rundum fit mit Stöcken

Am Anfang zum Aufwärmen oder am Schluss beim Cooldown (Abwärmphase) eines Trainings können einige leichte Schwung-übungen mit eingebaut werden.

Um die Körperhaltung zu verbessern, sollen verschiedene Dehn- und Kräftigungsübungen gegen Ende eines Trainings durchgeführt werden.

Bei allen Übungen: Achten Sie besonders darauf, dass der Rücken gerade und der Kopf in der Verlängerung der Wirbelsäule gehalten wird. Schultern fallen lassen.

(links:) Kräftigung der Arme und des Schultergürtels: Der eine drückt die Arme nach oben; der andere versucht, dagegen zu drücken.

(rechts:) Während der Übung Stock auseinander ziehen

Dehnung der Brust und Stärkung der Rückenmuskulatur.
Wenn Sie Hals-Nacken-Probleme haben, sollten Sie diese besondere Übung ab und zu auch am Tag machen. Die Arme stützen Sie am Türrahmen ab und halten dann zwei- bis dreimal jeweils 6 bis 10 Sekunden; dazwischen kurz entspannen.

Auf spaßvolle Weise kann die Koordination auch in einer Gruppe trainiert werden.

Dehnung der hinteren Beinmuskulatur

Kräftigung der Oberschenkelmuskulatur

Dehnung der Wadenmuskulatur

Die Beckenkippbewegung sollte nach jedem Training zwei- bis dreimal jeweils 6 bis 10 Sekunden durchgeführt werden. Leichter Kniestand. Becken langsam nach hinten ziehen und wieder entspannen.

Das besondere Element Wasser

Wassergymnastik und Wasserjogging wirken sanft und schonend auf den gesamten Gelenkapparat. Außerdem sind diese Sportarten besonders nach Verletzungen an Knochen, Muskeln und Bändern als Rehabilitationstraining hilfreich. Durch den Wasserdruck und den Auftrieb werden die Gelenke entlastet. Der Wasserwiderstand kräftigt die Muskulatur, ohne dass die Gelenke überlastet oder verletzt werden. Langsame Bewegungen werden mit geringem Kraftaufwand durchgeführt. Wassergymnastik stärkt Herz und Kreislauf und regt die Durchblutung an. Sie kann als eine Art Massage bezeichnet werden, die den gesamten Stoffwechsel fördert und die Muskulatur lockert und trainiert.

Setzen Sie Ihre Fantasie ein und machen Sie viele Übungen im Wasser, die Sie sonst auch auf dem Trockenen durchführen. So können Sie z.B. durchs Wasser joggen. Ich empfehle Ihnen, eine Schwimmweste zu tragen, wenn Sie dies im tiefen Wasser machen, damit Sie sich nicht überanstrengen müssen, um sich über Wasser zu halten. Außerdem bietet das Tragen einer Weste den Vorteil, dass Nichtschwimmer im Wasser üben können. Diese Art des Joggens schont nicht nur Ihre Gelenke, sondern trägt auch wesentlich zur Gewichtsreduktion bei, denn Sie haben im Wasser ja gegen das eigene Körpergewicht zu trainieren.

Genau wie auch außerhalb des Wassers sollten alle Übungen rückenschonend durchgeführt werden.

 Achten Sie darauf, dass Sie alle Übungen immer in leichter Vorlage durchführen, damit Sie nicht Ihren Rücken belasten. Machen Sie auch nur solche Übungen, die Ihnen gut tun.

Ich möchte Ihnen Mut machen, sich mal an einem Aquafitkurs zu beteiligen, der in fast jedem Schwimmbad angeboten wird. Sie werden sehen, wie viele Tipps und Tricks es gibt, um sich im Wasser fit zu halten.

Vielleicht probieren Sie auch verschiedene Schwimmstile aus. Brustschwimmen ist für den Rücken nicht besonders geeignet, weil ein bereits vorhandenes überstarkes Hohlkreuz noch verstärkt wird. Außerdem werden die Knie stark belastet. Versuchen Sie zu kraulen, oder noch besser, auf dem Rücken zu schwimmen. Wenn Sie Mühe damit haben, warum besuchen Sie nicht einen Schwimmkurs? Über längere Zeit habe ich eine eigene Schwimmschule geleitet. Ich staunte, wie viele den Mut aufbrachten, das Schwimmen auch im Erwachsenenalter noch zu erlernen. In jedem Alter macht es doch Spaß, Neues zu entdecken und auszuprobieren. Ein besonderes Erlebnis hatte ich mit einem Ehepaar während eines Seminars. Sie hatten bereits die Sechzigergrenze überschritten. Dem Ehemann tat es Leid, dass er seinem geliebten Hobby, dem Schwimmen, immer alleine nachgehen musste. Zur damaligen Zeit gab es während des Seminars die Möglichkeit die eigenen Schwimmkünste etwas zu verbessern. Ich ermutigte die Frau das Schwimmen auch in ihrem Alter noch zu erlernen, worauf sie mein Angebot in Anspruch nahm. Ich war überrascht als die Frau in kurzer Zeit das Schwimmen in seiner Grundstruktur verstand. Bereits nach weniger als zwei Stunden machte sie einige Schwimmzüge ohne meine Hilfe. Das Ehepaar war überglücklich, denn von diesem Zeitpunkt an konnten die beiden gemeinsam schwimmen gehen. Trotz ihres vorangeschrittenen Alters wurde ihre Lebensqualität und Lebensfreude gesteigert.

„Wir sind mit dem Radl da"

Ein Sprichwort von Dr. med. Herbert Bronnenmayer lautet: „Auf dem Rad da sitzt sich's besser."

Besonders wenn man Übergewicht hat, sollte man Sportarten wählen, bei denen die Gelenkbelastung nicht allzu hoch ist. Richtig zu radeln bedeutet, Sie sollten dabei immer noch gut plaudern können.

Fahren Sie am Anfang Ihrer Tour einige Minuten in einem niedrigen Gang, damit sich das Herz-Kreislauf-System auf die Belastung einstellen kann.

Danach stellen Sie Ihre Übersetzung ein wenig höher und versuchen Sie, die Strecke so zu fahren, dass Sie zwar „fest in die Pedale treten" müssen, jedoch nicht außer Atem geraten.

Schalten Sie zum Schluss wieder herunter, so dass Sie leichter fahren.

Immer wieder werde ich gefragt, wie zwei Personen mit unterschiedlichem Trainingszustand eine Radtour durchführen sollen. Die Antwort lautet ganz einfach: Während der gut Trainierte einen Berg hoch und runter, hoch und runter oder mit angezogenen Bremsen hochfährt, steigt die weniger trainierte Person vom Rad ab und geht gemütlich hoch.

„Wer sein Rad liebt, der schiebt" – so kommt jeder auf seine Rechnung. Am Schluss sind beide oben und es kann weitergefahren werden.

Durch den nach vorn gerichteten Oberkörper und den Druck auf das Lenkrad verkürzt sich die Brustmuskulatur. Deshalb achten Sie darauf, wenn Sie viel Fahrrad fahren, dass Sie nach einer Tour die Dehnung der Brustmuskulatur nicht vergessen.

Das Kreuz mit dem Kreuz

Ursachen für die starke Zunahme von Haltungsschwächen sind unter anderem zu langes Sitzen ohne körperlichen Ausgleich, einseitiger Leistungssport sowie eine ungute Gewohnheitshaltung, aus der die meisten Langzeitschäden hervorgehen. Ein gezieltes Haltungstraining fördert die Kräftigung und Dehnung der Haltemuskulatur.

Die Wirbelsäule

besteht aus 24 beweglichen Wirbeln. Sie ermöglicht eine aufrechte Haltung und trägt den Kopf. Die Doppel-S-Form der Wirbelsäule hat eine Federfunktion und fängt die Schläge zum Gehirn ab, die durch Bewegungen wie Springen, Hüpfen etc. entstehen.

Für die Organe, die sich im Bauch- und Brustraum befinden, ist ebenfalls eine bewegliche Wirbelsäule erforderlich. Denn dieser Raum muss sich Veränderungen anpassen, wie sie beim Atmen oder bei einer Schwangerschaft erforderlich sind.

Im Wirbelkanal verlaufen verschiedene Nervenstränge, die in Verbindung mit dem Gehirn und dem Körper stehen.

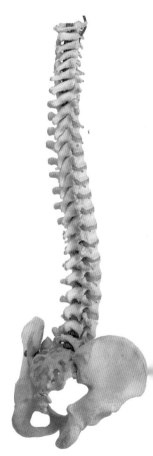

Verschiedene Muskeln und Bänder umgeben die Wirbelsäule und schützen sie vor äußerlich einwirkenden Kräften.

Zwischen den einzelnen Wirbelkörpern liegen die Bandscheiben. Sie wirken wie Stoßdämpfer und bilden einen Schutz zwischen den einzelnen Wirbelkörpern. Die Bandscheibe besteht aus einem weichen gallertartigen Kern, der viel Wasser enthält. Dieser Gallertkern sorgt unter anderem für die Beweglichkeit der Wirbelsäule. Mit zunehmendem Alter nimmt die Elastizität der Bandscheiben ab. Mit einem vorbeugenden Training kann dies hinausgezögert werden.

Vor allem durch einseitiges Stehen (immer wieder auf dem gleichen Bein stehen) kann es zu einem Beckenschiefstand kommen, wodurch ein ungleichmäßiger Druck auf die Bandscheiben ausgeübt wird. Diese können dann nicht mehr genügend mit Nährstoffen versorgt werden. Denn die Bandscheiben werden nicht, wie viele annehmen, über die Durchblutung, sondern durch Bewegung ernährt. Wer sich zu wenig oder einseitig bewegt, riskiert schon in frühen Jahren Rückenbeschwerden, sogar Bandscheibenvorfälle sind möglich.

Ernährung der Bandscheiben

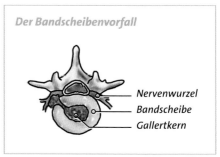

Der Bandscheibenvorfall

Nervenwurzel
Bandscheibe
Gallertkern

Ein regelmäßiges Training führt zu einer Erhöhung der Belastbarkeit der Bandscheiben, da sie besser mit Nährstoffen versorgt werden. Die Folge ist eine längere Erhaltung ihrer Elastizität.

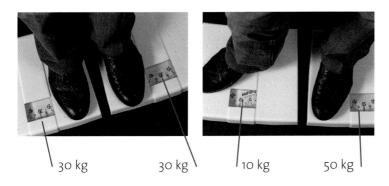

| 30 kg | 30 kg | 10 kg | 50 kg |

Unter anderem haben viele Menschen Rückenbeschwerden, weil viele allzu einseitig stehen, ganz nach Gewohnheit entweder verstärkt auf dem linken oder auf dem rechten Bein.

Die einseitige Druckbelastung führt dazu, dass sich die Muskeln auf der einen Seite vermehrt verkürzen und auf der anderen Seite verstärkt abschwächen.

Steht man auf beiden Beinen, so ist das Gewicht gleichmäßig verteilt. Steht man verstärkt auf einem Bein, so ist der Unterschied gravierend. Beim oben erwähntem Beispiel 50 zu 10 Kg.

> **Beim Stehen sollte man öfters die Halteposition wechseln und auch einmal auf der ungewohnten Seite stehen. Dies sind kleine Schritte, die mithelfen, dass man sich am Tag etwas entspannter fühlt.**

Übungen, die für ein Gesundheitstraining nicht zu empfehlen sind

Es gibt zahlreiche Übungen und grundsätzlich keine Übungsausführung, die verboten wäre. Ist jedoch eine Fehlhaltung vorhanden, sollten gewisse Übungen nicht durchgeführt werden, weil sie schädlich für das Kreuz sein könnten. Führen Sie deshalb keine Bewegungen durch, die Ihnen weh tun.

Grundsätzlich ist jede Art von Übung erlaubt. Leiden Sie jedoch an Rückenbeschwerden, dann sollten Sie viele der Übungen, die Sie vielleicht noch aus Ihrem Turnunterricht in der Schule ken-

Achtung: nicht zu empfehlen!

nen, vermeiden. Denn für ein Präventions- und Rehabilitationstraining sind diese nicht zu empfehlen.

Hüftkreisen oder Kopfkreisen

Bei dieser Bewegung wird die Lendenwirbelsäule unnötig belastet. Bei einer vorhandenen Fehlhaltung kann diese Übung unter Umständen zu Ischias, Hexenschuss oder sogar zu einem Bandscheibenschaden führen. Auch im Hals-Nacken-Bereich sollten keine kreisenden Bewegungen durchgeführt werden. Dadurch kann Ihre Kopfarterie teilweise eingeengt werden, wodurch Ihnen schwindelig werden oder Sie Ohnmachtsanfälle bekommen können.

Achtung: nicht zu empfehlen!

Klappmesser

So wie diese Übung auf dem Bild gemacht wird, sollten Sie sie nicht machen. Die Lendenwirbelsäule wird dadurch zu stark beansprucht. Viele Leute meinen, sie würden durch die „Ruderstellung" ihre Bauchmuskulatur trainieren. Doch weit gefehlt: Statt der Kräftigung der Bauchmuskeln entsteht eine Verkürzung des Hüftbeugers, da die Muskeln ins Hohlkreuz ausweichen. Außerdem werden die Hals-Nackenmuskeln stark beansprucht, was wiederum zu Verspannungen in diesem Bereich führt. Wie das Bauchmuskeltraining richtig durchgeführt werden kann, sehen Sie im Kapitel „Kräftigung der Bauchmuskulatur".

Huckepackübung

Sich gegenseitig auf den Rücken nehmen ist bei bereits vorhandener Fehlhaltung ein „Nährboden" für starke Rückenprobleme.

Kerze

Sollten Sie bereits eine abgeschwächte und verkürzte Hals-Nackenmuskulatur haben, so kann die Kerze noch weitere Beschwerden verursachen. Mögliche Folge: weitere Schmerzen und Verspannungen in diesem Bereich.

Verschiedene ziehende oder werfende Übungen

Diese stark federnden Bewegungen (dazu gehören starkes Rückwärtsziehen und wieder Nach-vorne-Neigen), die vor allem in den Lendenwirbelbereich ziehen, verursachen kleine Muskelfa-

Achtung: nicht zu empfehlen!

Achtung: nicht zu empfehlen!

serrisse. Dies kann sehr schmerzhaft sein und Ihre Bewegungs-
fähigkeit einschränken.

Falsches Bauchmuskeltraining

Nicht alle oben erwähnten Übungen sind grundsätzlich unge-
sund und im Leistungssport werden sie immer wieder gerne verwendet. Doch in einem Gesundheitstraining sollte der Rücken
vor allem geschont werden, deshalb sind derartige Übungen zu
vermeiden. Wählen Sie immer nur Übungen aus, die Ihnen gut
tun und keine Schmerzen verursachen.

Praktische Tipps zum Haltungstraining

Bewegung –mehr Lust als Last. So wird Bewegung zum freu-
digen Erlebnis, das die allgemeine Lebensqualität erhöht.
Unter anderem können, Sie viele Übungen auch im Alltag einbau-
en, z.B. ab und zu gerade stehen, Schultern kreisen, am Platz
joggelen während Sie an der Kaffeemaschine stehen und auf
den Kaffee warten etc.
Wenn Sie ein Training durchführen, sollten Sie Folgendes beachten:

- Dehnung und Kräftigung sollten in einem ausgewogenen
  Verhältnis zueinander stehen.
- Wenn Sie ein längeres Training durchführen, achten Sie
  darauf, dass Ihr Körper aufgewärmt ist, bevor Sie trainieren. Vor jedem Training sollte man ein kurzes Aufwärm-
  programm durchführen, z.B. Laufen am Platz oder leichte
  schwunghafte Übungen etc.
- Trainieren Sie nie über die Schmerzgrenze! Es darf wohl
  leicht „ziehen", aber es dürfen keine Schmerzen aufkommen.
  Schmerzen sollten als Alarmzeichen verstanden werden.

- Führen Sie die Übungen genau und exakt aus.
- Achten Sie auf den Atemrhythmus. Vor allem bei einem Kräftigungsprogramm sollten Sie keine Pressatmung durchführen. Atmen Sie gleichmäßig. Das Training kann durch die Atmung verstärkt werden: Bei Anspannung der Muskulatur ausatmen, beim Halten einer Position ruhiges Ein- und Ausatmen und in der Entspannung einatmen. Dies macht nur Sinn, wenn man die Übung bereits korrekt ausführen kann.
- Die jeweiligen Übungen sollten ca. 6 bis 10 Sekunden gehalten werden, danach sollte man sich ebenso kurz entspannen. Die Übungen sollten jeweils vier- bis sechsmal wiederholt werden (außer beim Beckenbodentraining – dort sollte doppelt so lange entspannt wie angespannt werden). Erst bei Erreichen eines geübten Trainingsstandes kann die Dehn- oder Haltedauer der jeweiligen Übungen erhöht werden.
- Pro Muskelgruppe, z.B. dem Hüftbeuger, gibt es jeweils verschiedene und dazu passende Übungen. Solange Ihnen eine Übung während und auch nach dem Üben wohl tut, sind Sie auf dem richtigen Weg. Sie müssen nicht alle Übungen machen, die im Buch beschrieben sind. Beginnen Sie mit welchen aus dem Bereich, wo Sie ein Training Ihrer Meinung nach am nötigsten haben. Suchen Sie sich zwei oder drei Übungen aus und trainieren Sie diese regelmäßig. Zwischendrin wählen Sie immer wieder einmal andere Übungen. Üben Sie diejenigen regelmäßig, die Ihnen besonders gut tun.
  Originell und speziell sind sicher die unten angegebenen „Bettübungen". Sie können sowohl morgens als auch als allabendliches Training nach einem stressbeladenen Tag durchgeführt werden.
- Ein Keil- oder Kopfkissen sowie eine gute Unterlage werden Ihnen bei vielen Übungen sehr nützlich sein. Als Unterlage empfehle ich Ihnen eine Airex-Matte, da diese sich der eigenen Körperwärme anpasst, was vor allem bei verschiedenen Dehnübungen angenehm ist.

(Materialbezug siehe Anhang)

Eine ideale und bewährte Übung bei Rückenbeschwerden

Die Stufenlage ist eine hervorragende Übung, um allgemeine Rückenbeschwerden, wie Ischiasschmerzen oder einen Hexenschuss, zu vermeiden oder zu lindern.

Wie Sie auf dem Bild erkennen können, legen Sie sich einfach zwischendurch für 10 bis 20 Minuten irgendwo hin. Falls Ihnen

Wenn Sie Ihre Arme auf Kissen legen, kann sich gleichzeitig auch Ihre Hals-Nackenmuskulatur entspannen.

in Ihrer Firma ein Ruheraum zur Verfügung steht, können Sie sich dort während Ihrer Ruhezeit auf diese Weise besonders gut erholen.

Dehnung des Hüftbeugers (Ursprung)

Jede Muskulatur hat einen Anfang und ein Ende, was man in der Fachsprache als Ursprung und Ansatz bezeichnet.

Dehnung des Hüftbeugers im Bereich des Ursprungs

- Die Beine so auf den Stuhl legen – etwa im Winkel von 90 Grad – dass es Ihnen angenehm ist.
  Legen Sie unter die Schulterblätter verschiedene Kissen, der Kopf bleibt in der Verlängerung der Wirbelsäule.
- Die Lendenwirbelsäule nicht herunterdrücken. Legen Sie sich einfach entspannt hin.

Die Beckenkippbewegung

Diese Übung können Sie bereits am Morgen, bevor Sie aufstehen, durchführen.

Die Beine sind leicht angewinkelt, die Füße auf dem Boden aufliegend. Das Gesäß leicht nach oben heben, während der Rücken flach aufliegt.

Diese Übung kann auch sitzend im Alltag eingebaut werden, z.B. wenn Sie warten, bis der Computer hochgefahren ist.

Die Beine sollten im Winkel von 90 Grad stehen. Wenn Sie kurze Beine haben, stellen Sie die Füße z.B. auf einen Schemel.

Die Beine sollten im Winkel von 90 Grad stehen. Wenn Sie kurze Beine haben, stellen Sie die Füße z.B. auf einen Schemel. Den Lendenwirbelbereich 6 bis 10 Sekunden leicht nach hinten dehnen und wieder gerade sitzen.

Die Beckenkippbewegung kann man auch stehend durchführen.

Achtung: bei Rückenbeschwerden oder einem weniger guten Körpergefühl, sollte man diese Übung zuerst im Liegen, dann im Sitzen üben, bevor man sie im Stehen durchführt.

Falsch: nicht in den Rücken ziehen

Dehnung des Hüftbeugers im vorderen Bereich (Ansatz)

Sie können diese entweder auf einer Matte am Boden oder als regelmäßige Übung als Frühsport im Bett einbauen.

Rückenlage, den Kopf auf ein Kissen oder Keilkissen legen, ein Bein bis maximal zur Brust ziehen, das andere Bein langsam ausstrecken, Fersenschub (Flex), d. h. Füße zum Körper heranziehen.

Diese Übungen kann man auch im Wohnzimmer nach einem Training draußen in der Natur durchführen, wenn man mit einem kurzen Dehnprogramm abschließt.

Der Unterschenkel des einen Beines liegt auf dem Boden auf. Das andere Bein ist im Winkel von 90 Grad aufgestellt. Nun den Oberkörper langsam nach vorn ziehen.

Falsch: nicht ins Hohlkreuz ziehen

Mehr zu Dehnungsübungen des Hüftbeugers siehe Kapitel Beckenbodentraining.

Eine besonders wohltuende Übung

Falls Sie sehr verspannt sind, können Sie diese Übung auch im Bett oder auf dem Boden durchführen. Benutzen Sie dann eine warme Unterlage. Legen Sie einen Fuß auf das Knie und bewegen Sie das aufgestellte Bein eine Weile minimal leicht hin und her.

Kräftigung der Bauchmuskulatur

Bei einer Bewegung arbeiten immer mehrere Muskelpartien gleichzeitig oder nacheinander zusammen. Die Muskeln, die zusammenarbeiten, nennt man Synergisten und Antagonisten (Gegenspieler).

Während sich beispielsweise die Muskulatur des Hüftbeugers verkürzt, schwächt sich die Bauchmuskulatur ab. Deshalb muss der Hüftbeuger gedehnt und die Bauchmuskulatur gekräftigt werden.

Das Bauchmuskeltraining kann hervorragend im Alltag eingebaut werden. Wir beginnen wiederum beim Frühsport im Bett. Natürlich erreicht man einen besseren Effekt, wenn Sie diese Übung z.B. nach einem Training auf dem Boden durchführen. Eines ist jedoch sicher, bei dieser Form des Bauchmuskeltrainings werden Hals-Nackenprobleme vermieden. Je nach Intensität ist die Wirkung der isometrischen Spannung noch besser als beim herkömmlichen Bauchmuskeltraining, z.B. Sit up's.

Beine im rechten Winkel, Hände am Oberschenkel. Kurz und kräftig dagegen drücken. Lendenwirbel bleiben am Boden. Schultern fallen lassen.

Falsch:
Nicht auf die Knie drücken. Bei keiner dieser Übungen ins Hohlkreuz kommen und keine Pressatmung.

Eine andere Form des Bauchmuskeltrainings ist: Beine im rechten Winkel, Fersenschub (Flex), Beine werden mit kleinen Bewegungen hin und her geführt, während die Hände an den Boden gedrückt werden.

Gleichzeitig ist die folgende Übung auch bei Beckenbodenproblemen anzuwenden:

Beine im rechten Winkel. Fersen leicht zusammendrücken, Hände am Körper in den Boden drücken, während die Beine langsam auf und ab bewegt werden.

Eine Übung für die schräge Bauchmuskulatur:

Ein Bein ist aufgestellt, das andere im rechten Winkel mit Fersenschub (Flex). Während eine Hand diagonal auf den Oberschenkel drückt, drückt die andere auf den Boden.

Dehnung der Brustmuskulatur

Hat sich erst einmal ein Rundrücken gebildet, verkürzt sich die Brustmuskulatur. Werden dagegen die Brustmuskeln gedehnt, so werden die Gegenspieler, vor allem im oberen Bereich der Rückenmuskeln, automatisch gekräftigt, was wiederum die Hals-Nackenmuskulatur entspannt.

Folgende Übung ist sehr entspannend und tut nach einem Training oder einem anstrengenden Tag besonders gut. Natürlich kann diese Übung wiederum in jedes Morgentraining als kleine Bettgymnastik eingebaut werden.

Beine aufstellen,
Beckenkippbewegung,
Arme im rechten Winkel
nach hinten legen.

Falsch:
Nicht ins Hohlkreuz kommen.

Eine sehr gute Alltagsübung zur Dehnung der Brustmuskeln, die Sie ähnlich wie mit Nordic-Walking-Stöcken, jedoch im Türrahmen stehend, durchführen können, finden Sie im Kapitel Nordic Walking.

Beckenbodentraining

Ein einseitiges Training der Beckenbodenmuskulatur sollte nicht durchgeführt werden und bringt keinen Erfolg. Zum Beckenbodentraining gehört ebenso die Kräftigung und Dehnung der verschiedenen Muskelgruppen im Bereich des Rückens, der Brust- und der Beinmuskulatur. Außerdem sollte man ein regelmäßiges Ausdauertraining in Form von Walking, Nordic Walking oder Gymnastik einbauen. Wie bereits im Kapitel über den Beckenboden erwähnt, darf das richtige Heben und Tragen im Alltag nicht vergessen werden.

Besonders ideal sind die Umkehrübungen zur Kräftigung der Beckenbodenmuskulatur. Am besten lassen sie sich mit einem Keilkissen durchführen. Der dickere Teil des Keilkissens wird dabei unter das Gesäß gelegt. Somit können Sie die Umkehrübungen noch rückenschonender durchführen. Auf dem Keilkissen liegt

Umkehrübung mit Keilkissen Die Beine sind aufgestellt, auf Keilkissen liegen. Beckenkippbewegung durchführen und die Beckenbodenmuskulatur einige Sekunden anspannen und wieder lösen.

man auch entspannter, wodurch man die Kräftigung einfacher durchführen kann. Umkehrübungen sollten in jedem Beckenbodentraining ihren Platz haben, denn sie sind sehr effektiv. Wenn Sie kein Keilkissen haben, können Sie anfänglich auch ein Kissen benützen. Vergessen Sie nicht, auch ein kleines Kopfkissen unter den Kopf zu legen. Die Beckenkippbewegung im Liegen, wie im Kapitel „Eine einfache und bewährte Übung bei Rückenbeschwerden" bereits vorgestellt, ist eine abgeschwächte Form der Umkehrübung und sehr beliebt. Eine Übung, die Sie bereits am Morgen im Bett durchführen können, die erst noch ihren Rücken entlastet.

Langsam Wirbel für Wirbel hoch rollen, dann Beckenbodenmuskulatur anspannen und wieder langsam auf die Matte oder Matratze zurückrollen, entspannen.

Umkehrübung ohne Keilkissen

Langsam Wirbel für Wirbel hochrollen, dann Beckenbodenmuskulatur anspannen und wieder langsam auf die Matte oder Matratze zurückrollen und entspannen.

Die Intensität der Anspannung der Muskulatur kann verstärkt werden, indem Sie die Arme bei der ersten Übung neben dem Körper, bei der zweiten seitlich und bei der dritten Übung nach oben legen. Achten Sie darauf, dass Sie dabei nicht ins Hohlkreuz kommen.

Übungen mit einem Universalball

Nicht nur die Beckenbodenmuskulatur, auch die Bauchmuskulatur wird gekräftigt.

Richtig: Während Beckenkippbewegung Ball mit leichtem Druck hin und her bewegen. Lassen Sie die Schultern fallen.

Falsch; Kein Hohlkreuz, Schultern nicht hochziehen Wenn Sie die Übung richtig durchführen, können Sie als Unterstützung einen zweiten Ball diagonal zusammendrücken.

Der Rücken muss am Boden bleiben. Leichte Kippbewegung, Ball mit den Füßen leicht ca. 6 bis 10 sec. zusammenpressen und wieder entspannen

Falsch: Kein Hohlkreuz

Bauch- und Beckenbodentraining ohne Ball

Die Fersen leicht zusammendrücken, die Beine nach oben und unten ziehen.

Alle Übungen für die Bauchmuskulatur können auch mit dem gleichzeitigen Anspannen der Beckenbodenmuskulatur als kombiniertes Training für beide Bereiche durchgeführt werden.

Kräftigung der schrägen Bauchmuskulatur

Ball wird mit überkreuzten
Beinen 2 bis 3 mal jeweils 6 bis 10
sec. zusammengepresst,
dazwischen wieder entspannen

Nur für Fortgeschrittene
geeignet: Die Kräftigung kann
verstärkt werden, wenn man statt
dem Keilkissen einen größeren
Universalball unter das Gesäß legt.
Es kostet zusätzliche Kraft, wenn
man dazu noch das Gleichgewicht
halten muss.

Dehnung des Hüftbeugers

Um eine optimale Beckenstellung zu erreichen, spielt beim Beckenbodentraining die Dehnung des Hüftbeugers eine wichtige
Rolle.

Übung für Fortgeschrittene

Ausgangsposition: Ein Bein hinter dem Oberschenkel halten und
angewinkelt zum Brustbein ziehen. Anderes Bein langsam zwei-
bis dreimal nach unten und oben ziehen. Beine wechseln. Achtung: nicht ins Hohlkreuz ziehen und nicht bis über die Schmerzgrenze kommen.

Achtung: Wenn Ihnen die Übung für Fortgeschrittene Mühe macht, sollten Sie sie ohne Keilkissen durchführen.

Dazu wird das eine Bein mit Fersenschub jeweils ca. 6 bis 10 mal ausgestreckt. Jede Seite zwei- bis dreimal.

Eine etwas andere und sehr bewährte Übung ist die Übung im Sitzen:

1. Variante:

Kombinationsübung zur Dehnung und Kräftigung der Adduktoren. (Innenseite der Beinmuskulatur) sowie des Rückens und der Beckenbodenmuskulatur. Langsam nach vorne rollen, 6 bis 10 Sekunden so halten und dann langsam zurückrollen. In der Anspannung Arme und Beine gegeneinander drücken, während man gleichzeitig versucht, die Beckenbodenmuskulatur anzuspannen.

2. Variante:

Wenn Sie keine Knie- und Hüftprobleme haben, können Sie auch die Variante 2 durchführen. Die Beine sind angewinkelt, mit den Händen nicht an den Füßen hochziehen, sondern Hände am Fußrist halten. Achten Sie darauf, dass Sie Ihre Füße nicht abknicken.

Tragen, heben, schieben, stoßen

Unsere Wirbelsäule ist unterschiedlichen Druckbelastungen ausgesetzt. Wenn wir uns nach vorne beugen, liegt eine jeweils andere Belastung auf der Lendenwirbelsäule.

180 Grad
ca. 90 kg

150 Grad
ca. 360 kg

120 Grad
ca. 630 kg

90 Grad
ca. 720 kg

Es lohnt sich also, sich ein rückengerechtes Verhalten im Alltag anzugewöhnen.

Beim Tragen, Heben, Schieben und Stoßen sollten Gewichte so nahe wie möglich am Körper getragen werden. Achten Sie dabei auf die Grundposition: Rücken gerade halten, Brustbein leicht heben, Schultern fallen lassen.

Richtige Haltung

Falsch: Nicht ins Hohlkreuz ziehen

Kräftigung und Dehnung des Seitenbeugers

Die Kräftigung des Seitenbeugers können Sie durch richtiges Heben und Tragen sehr gut in den Alltag einbauen.

Falsch:
Wenn Sie etwas auf der Seite tragen, sollten Sie nicht seitlich in die Hüften ausweichen.

Der Seitenbeuger wird gekräftigt und die Lendenwirbelsäule geschont, wenn Sie sich gerade halten.

Tragen Sie richtig?

Falsch: Nicht mit gestreckten Beinen nach vorne bücken.

Falsch: Lasten nicht auf die Hüften legen.

Versuchen Sie ein Gewicht in diesen drei Stufen zu heben und achten Sie auf eine leichte Vorlage.

> **Noch ein spezieller Tipp:**
> Ob am Abend oder Morgen, strecken und recken Sie sich aus-
> giebig im Bett. Sie werden sehen, wie wohltuend und ent-
> spannend das ist.

Vital im Büro

Nutzen Sie doch ihren Bürostuhl als Fitnessgerät um sich zwischendurch zu kräftigen und zu entspannen.

Ein Bauchmuskeltraining ist auch im Büro möglich:
Vergessen Sie nicht, dass Sie zu den Übungen aufrecht sitzen, das Brustbein leicht anheben, nicht ins Hohlkreuz ziehen und die Schultern fallen lassen. Der Kopf bleibt in Verlängerung der Wir-belsäule. Nicht ins Hohlkreuz ziehen.

Drücken Sie mit einer Hand gegen Ihren Stuhl, dadurch wird die schräge Bauchmuskulatur gekräftigt.
Wenn Sie die Übung noch verstärken wollen, können Sie die Ze-hen nach oben ziehen (Flex) und die Fersen leicht in den Boden drücken. Eine andere Übung, die auch die Bauchmuskulatur stärkt, ist folgende:

Gerade Bauchmuskulatur   *Schräge Bauchmuskulatur*

Die Hände werden auf den Tisch gedrückt. Achten Sie darauf, dass Sie die Schultern während der Übung nicht hochziehen.

Sie können Ihrer Fantasie freien Lauf lassen und z.B. auch die Hände zusammendrücken und wieder loslassen.
Wenn Sie beispielsweise jede Stunde nur 2 bis 3 Minuten gerade sitzen, kräftigen Sie auf natürliche Weise Ihre Rückenmuskulatur.

Führen Sie diese Übung innerhalb eines Tages insgesamt vier-mal durch, haben Sie am Ende eines Tages mit jeweils 2 Minuten bereits insgesamt 8 Minuten Ihre Rückenmuskeln trainiert, was Sie früher wahrscheinlich nicht gemacht haben. In zwei Tagen

erreichen Sie 16 Minuten, in drei Tagen bereits 24 Minuten. Stellen Sie sich vor, was das auf einen Monat und aufs Jahr berechnet ausmacht. Sie sehen, dass es die kleinen Schritte sind, die zum Ziel führen.

Wenn Sie Ihrem Rücken etwas Gutes tun wollen, drehen Sie doch mal den Stuhl um und sitzen andersherum drauf. Die Rückenmuskulatur kann sich auf diese Weise gut entspannen.

Entspannung zwischendurch ist wohltuend.

Wenn Sie übermüdet sind, schauen Sie doch einfach mal einige Sekunden bewusst aus dem Fenster. Sie werden merken, dass solche kleinen Übungen sehr effektiv sind. Wenn Sie verspannt sind, strecken und räkeln Sie sich zwischendurch.

Wenn Sie sich ab und zu kurz für ca. 15 bis 30 Sekunden über die Stuhllehne legen, wird die Rücken- und Hals-Nackenmuskulatur entspannt.

Oder ziehen Sie ab und zu die Schulten hoch und kreisen Sie mit ihnen ganz leicht.
Sie können auch den Kopf leicht auf die linke und rechte Seite drehen, jedoch nicht nach hinten.

Grundsätzlich gilt bei allen Übungen dieselbe Ausgangsposition:
Gerade sitzen oder stehen, Schultern hängen lassen, Brustbein leicht gehoben, nicht in den Rücken ziehen. Nur so macht eine Übung wirklich Sinn und führt zum Erfolg.

Bewegung in Alltag und Beruf

Schon kleine Veränderungen können dazu beitragen sich vermehrt in Bewegung zu setzen. Wenn Sie keinen verstellbaren Schreibtisch besitzen, genügt auch schon ein einfacher hoher Bistrotisch oder ein kleines Stehpult. Liegt Telefon und das Schreibmaterial darauf, steht man automatisch bei jedem Anruf auf.

Zwischendurch könnte man mal kurze Übungen mit einem Theraband© durchführen. Man muss nicht gleich alle Übungen durchführen. Auf dem DVD „Rundum fit" finden Sie viele praktische Tipps zur Bewegung mit und ohne Band.

Es sind die kleinen Schritte zwischendurch, die dazu beitragen, dass sich Ihre Vitalität erhöht. So werden Sie auch motivierter Ihre tägliche Arbeit zu verrichten.

Die optimalen Übungen mit dem Theraband® bei Verspannungen. Dehnung der Brust- und Kräftigung der Rückenmuskulatur

Persönliche Zielsetzung

Um ein Ziel zu erreichen, ist auch eine praktische Umsetzung notwendig. Das Motto dazu heißt:

Viele kleine Schritte führen zum Ziel.

Denn Lebensgewohnheiten zu verändern benötigt Zeit.
Dazu kann es hilfreich sein, sich die vorgenommenen Ziele zu notieren. Die unten angeführte Tabelle kann Ihnen helfen, Ihr Ziel zu erreichen und das ohne Leistungsdruck, denn die sieben „S" stehen für super. Schreiben Sie ein bis vier Ziele auf, die für jeweils einen Monat gelten. Z.B.

- Bei jedem zweiten Telefonanruf aufstehen.
- Einen 10-minütigen zügigen Spaziergang machen.
- Einmal am Tag ein Lied singen, jemandem ein Kompliment machen, etc.

Ihrer Fantasie sind da keine Grenzen gesetzt.

Zielsetzung für einen Monat

```
---------------------------------- S S S S S S
---------------------------------- S S S S S S
---------------------------------- S S S S S S
---------------------------------- S S S S S S
---------------------------------- S S S S S S
```

Hängen Sie Ihre Tabelle z.B. an Ihre Pinwand oder benützen Sie diese in Ihrem Terminkalender. Die sieben „S" stehen jeweils für einen Wochentag.

- Hat es super geklappt, lassen Sie das „S" stehen.

  SUPER, hat geklappt.

- Super, es ging so. So unterstreichen Sie das „S".

  SUPER, es ging so.

- Super, war nicht mein Tag. So malen Sie einen Kreis um das „S".

  SUPER, war nicht mein Tag.

Durchstreichen ist nicht erlaubt. Auch wenn nicht immer alles glatt läuft, können Sie von diesem Tag profitieren.

Nachwort

Um vital zu bleiben bis ins Alter, geht es darum, Körper, Seele und Geist immer wieder aufzutanken. Es ist ferner die einzige Möglichkeit, den natürlichen Alterungsprozess zu verlangsamen und die Lebensfreude lebendig zu halten.

Gemeinsam lernen, gemeinsam an sich arbeiten und sich entwickeln ist sehr ermutigend, befriedigend und unterstützend.

Wir alle haben einen freien Willen und wir können uns entscheiden eine Kurskorrektur in unserem Leben vorzunehmen. Wichtig ist, dass wir das nicht nur möchten, sondern von Herzen wollen. Nur so entsteht der gewünschte Erfolg. Vielleicht kommt jetzt der Gedanke auf: Ich habe viel zu lange nichts oder nicht genug für mich getan, das kann ich kaum noch aufholen.

Doch, Sie können! Sie können sich selbst auf die Schliche kommen und erkennen, auf welche Art und Weise Sie sich selbst blockieren. Sie können erfahren wie Ihre Gedanken und Ihr Bewertungssystem Ihre Gefühle beeinflussen und diese wiederum Ihr Handeln im täglichen Leben bestimmen. Sie nehmen wahr, wo die Hindernisse liegen, die Ihre Persönlichkeitsentfaltung und Kreativität einschränken und üben diese zu überwinden. Die Kunst der kleinen Schritte zum großen Erfolg ist lernbar. Die Erfolgreichen unterscheiden sich von den Erfolglosen nur durch eine Tatsache, nämlich, dass sie nicht aufgeben.

Der menschliche Wille ist das Instrument der Freiheit. Die Entscheidung liegt bei Ihnen.

Auf Ihrem Weg zur Vitalität und Lebensfreude wünsche ich Ihnen viel Erfolg

Ihre Doris Siegenthaler

Literatur

1, 2,   Magazine „the art of growing young", Mai/Juni 08, Life
          Plus International

3,   Zeitschrift „Blick Wirtschaft", Montag, 9. Oktober 2006

4,   Willy Tomberge: „Fitness am Arbeitsplatz"

5, 35,   „Hoffnung für alle", 1984,©1996,2002, International Bible
          Society, USA

6,   Verfassung der Weltgesundheitsorganisation New York,
          1946

7,   Theologe und Autor Hans-Rudolf Bachmann, CH-Oftrin-
          gen

8, 9,   Prof. Dr. Juhani Illmarien, FIN-Helsinki

10,   de.wikipedia.org/wiki/Ökologie

11,   Diplomarbeit Irmhild Zwiener, Int. Akademie für Gesund-
          heitsförderung (Seminar-Zentrum Siegenthaler Vital)

12,   Diplomarbeit Reinhild Rutzenhöfer, Int. Akademie für
          Gesundheitsförderung (Seminar-Zentrum Siegenthaler
          Vital,)

13, 26 ,36, 41, 42, Luther Bibel, revidierte Fassung, 1984,
          ©1999, Deutsche Bibelgesellschaft, Stuttgart

14,   Julia Wessels, Wunderware Schnee. Hier + jetzt, Verlag für
          Kultur und Geschichte GmbH, Baden

15, 16,   Zeitschrift Verband Zoom, August 2002, Artikel von Hans-
          Ruedi Stutz

17, 18,   Diplomarbeit Dr. Margot Blumrich, Int. Akademie für
          Gesundheitsförderung (Seminar-Zentrum Siegenthaler
          Vital)

19,   Das Wunder unseres Körpers, Meyer Multimedia

20,   Schweizer Tagesanzeiger, Bericht von Peter Hafner,
          9.5.2003

21, 22,   EMKNI/United Methodist News Service, 10.01.2007

24,   Diplomarbeit Dr. med. Anni Bogusch, Österreich, Int. Aka-
          demie für Gesundheitsförderung (Seminar-Zentrum
          Siegenthaler Vital)

25,   Diplomarbeit Kerstin Pfnür, Siegenthaler Vital (Int. Aka-
          demie für Gesundheitsförderung)

27, 28,   Magazine of the young-growing, November/Dezember 8,
          Life Plus International

29, Diplomarbeit Melanie Rufer, Int. Akademie für Gesundheitsförderung (Seminar-Zentrum Siegenthaler Vital)

30, 31, 39 ,40 , Dr. med. Herbert Bronnenmayer, A – Kirchdorf an der Krems, wellmed@netway.at

32, 33, Leo A. Nefodow, Der sechste Kondratieff, Rhein-Sieg Verlag

34, H.David Stern, Neues Testament, Eine Übersetzung jüdischer Herkunft

37, 38, Magazine of the young-growing, Januar/Februar 08, Life Plus International

43, 44, J. Weineck, Spitta-Verlag, Erlangen

Bildnachweis:
Der Großteil der Fotos sind von Fotograf:
    Stefan Kaiser, www.onfocus.ch
Weitere Bilder
Fotograf: Urs Lüthi www.nature-art.ch S.16
János Gehring - fotolia.com S.24
Dirk Houben - fotolia.com S.24
Fotograf: bruzzomont - shotshop.com S.40
bilderbox - fotolia.com S.46
Teamarbeit - fotolia.com S. 44
Marianne Wüthrich CH- Spiezwiler S. 50
www.Siegenthaler.com S. 52,69,95
Margarethe Pfander S. 55
Archiv fietz@image.de S. 56
daniel.zabel@image-d.de S. 64, 186
Kzenon - fotolia.com S. 73, 115
Monkey Business - fotolia.com S. 92
RTimages - fotolia.com S. 102
Fotograf: Grischa Georgiew - Shotshop S. 119
Doreen Salcher - fotolia.com S. 148
Monkey Business - fotolia.com S. 163
Val Thoermer - fotolia.com S. 172
Irina Drazowa-Fischer - Shotshop S. 184
James Steidl - fotolia.com S. 185
Ernährungspyramide 2005 Schweizerische Gesellschaft für Ernährung SGE, S. 79
Dr. med. Peter Prock, CH –Ziefen S. 82

SIEGENTHALER VITAL

Seit 1992 ist Doris Siegenthaler als Referentin und Seminarleiterin tätig.

Sie verfasste bereits mehrere Bücher, eine Entspannungs-CD und DVDs. Um dem ganzheitlichen Anspruch in der Gesundheitsförderung gerecht zu werden, entwickelte Doris Siegenthaler unter anderem in Zusammenarbeit mit Ärzten, Physiotherapeuten, Sportlehrern und Tänzern die einmalige Bewegungsmethode SIEGENTHALER VITAL. Diese für Menschen jeden Alters und jeder körperlichen Verfassung durchführbare Methode hat bereits international großen Anklang gefunden. Tausende begeisterte Anhänger trainieren erfolgreich regelmäßig nach dieser Methode. SIEGENTHALER VITAL hat in langjähriger Arbeit ein Programm entwickelt, was der ganzheitlichen Persönlichkeitsentwicklung Rechnung trägt. Dazu bietet Doris Siegenthaler verschiedene Vorträge und Seminare für Firmen und Institutionen an.

Nachstehend nur einige Stichworte zur Orientierung aus der Seminartätigkeit von SIEGENTHALER VITAL:

- Vitalität und Lebensfreude
- Stressmanagement und Burnout-Vorsorge
- Gesundheit des Denkens und der Gefühle
- Persönlichkeitsentwicklung
- Keine Zeit und trotzdem Fit
- Rückenschule, praktisches Training für Rücken, Hals-Nacken, Füsse
- Die Wichtigkeit der Beckenbodenmuskulatur
- Ernährung, Stoffwechselprozesse, Fettverbrennung, Entschlackung sowie Vitamine und Vitalstoffe, Nahrungsergänzung und Antioxidanzien usw.

Die Vitalitäts- und Persönlichkeitsentfaltungs-Schulung können Sie auch z.B. anlässlich einer Intensiv-Ferienwoche in Mallorca besuchen oder auf Seminarbasis unter anderem auch im Ausbildungs-Zentrum SIEGENTHALER VITAL absolvieren.

Der menschliche Wille ist das Instrument der Freiheit. Die Entscheidung liegt bei Ihnen.

SIEGENTHALER VITAL bietet ein vollständiges in den Alltag integrierbares Anti-Age-Programm. Wir würden uns freuen, Sie an einem der Seminar-Angebote begrüßen zu dürfen

 SIEGENTHALERVITAL

Das Fitnessprogramm mit Doris Siegenthaler
und Debora Marti-Siegenthaler
ISBN 3-89437-020-3, Verlag Gerth Medien
Laufzeit 45 Minuten

DVD CHF. 49.45/ Euro 27.95
Eine DVD, die begleitet ist mit Musik von John Brack, den
Cumerland Boys, Anja Lehmann und anderen. Die Übungen sind
mit oder auch ohne Theraband möglich.

Theraband Set:
Türanker, Handgriffe und Band grün Stärke Mittel
CHF. 58.00/ Euro 36.00

CD „Entspannung für jeden Tag"

Autorin Doris Siegenthaler

ISBN 978-3-86591-115-5, Verlag Gerth Medien
CHF. 17.90/ Euro 9.90
Ein wertvolles Entspannungsprogramm nach dem Prinzip der Progressiven Muskel-Entspannung nach Jacobson, bei dem Sie ganz neu lernen, den stressigen Alltag hinter sich zu lassen und sich selbst etwas wirklich Gutes zu tun.

Informationen zu Vorträgen, Seminaren, Produkte
finden Sie unter www.siegenthalervital.com

Schreiben Sie uns!

Was hat Ihnen dieses Buch konkret gebracht? Haben Sie Anregungen? Möchten Sie Doris Siegenthaler etwas mitteilen? Dann schreiben Sie uns.

Oberfelsbachstr. 9
CH- 9473 Gams
Tel. ++41 81 771 45 43
Fax. ++41 81 771 43 28
info@siegenthalervital